Lishi Ruci
Youqu

CONG DONGHAN
DAO WEIJIN

跟着夏昆读历史

历史如此有趣

从东汉到魏晋

夏昆　夏子仪

／著

漓江出版社

·桂林·

写在前面

多年以后，我仍然记得，我高中时的语文老师梅素清和历史老师侯昭秀都跟我说过同样一句话：文史不分家。

那时候我17岁，刚上高二。两位恩师告诉我：历史是树，语文是枝叶，语文只有生长于历史之树上，才能葆有恒久的生命力。

我想，这就是我热爱历史的开始。

十多年后，我已经成为一名语文老师。一次，我请教学校里德高望重的老教师何瑞基老师，请他为我的专业发展提些建议，他很认真地说："我建议你读'二十四史'。"

虽然我心存疑虑，但是出于对何老师专业水准的绝对信任，我接受了他的建议，从《史记》开始，通读"二十四史"，那一年是1997年，我27岁。

十多年后，我总算将从《史记》到《明史》的"二十四史"囫囵吞枣地读了一遍，这个浩大的工程花费了我十五年的时间，完工的那一年是2012年，我42岁。

十年后，我终于将这二十多年的读史心得变成了厚厚的一套书，就是这套"跟着夏昆读历史"。

我永远不会忘记三十多年前那个17岁少年，在老师的指引下开始走进历史；也不会忘记二十多年前那个青年，在前辈的建议下开始去啃读数千万字的史书。对我来说，这二十多年的历史之旅也是我的成长之旅、认知之旅，很难计算我从中获得了多少，也因为这个原因，我愿意将对历史的兴趣与痴迷传递给更年轻的朋友，让他们能跟我一样，在历史的长河中畅游，领略其无尽的趣味与智慧。

这也是这套"跟着夏昆读历史"写作的原因。

这套丛书共九十一万字，上起先秦，下至南宋，讲述了其间两千多年的中国历史故事。阅读此书后，读者对这两千多年中国历史的大致脉络和主要人物事件可以有一个比较初步的了解与掌握。我希望能像几位前辈曾经引领我一样，引领年轻的朋友们走进历史异彩纷呈的世界，领略历史的有趣和精彩。

本册是整套书的第二册，其内容从王莽篡汉起，到西晋八王之乱结束，讲述了王莽篡汉、绿林赤眉起义、刘秀建立东汉、班超定西域、党锢之祸、三国争霸、司马氏篡权、八王之乱等历史事件，以及王莽、刘秀、耿弇、冯异、马援、刘英、窦宪、班固、梁冀、曹操、刘备、司马懿等历史人物的故事。本册的资料主要来自：

《汉书》（班固撰，中华书局 1962 年 6 月第 1 版）

《后汉书》（范晔撰，中华书局 1965 年 5 月第 1 版）

《三国志》（陈寿撰，中华书局 1982 年 7 月第 2 版）

《晋书》（房玄龄等撰，中华书局 1974 年 11 月第 1 版）

《世说新语全译》（刘义庆撰，柳士镇、刘开骅译注，贵州人民出版社 1996 年 10 月第 1 版）

《资治通鉴》（司马光撰，中华书局 2013 年 12 月第 1 版）

《通鉴纪事本末》（袁枢撰，中华书局 2015 年 8 月第 1 版）

《哈佛中国史·早期中华帝国：秦与汉》（卜正民主编，中信出版社 2016 年 10 月第 1 版）

《哈佛中国史·分裂的帝国：南北朝》（卜正民主编，中信出版社 2016 年 10 月第 1 版）

《剑桥中国秦汉史》（崔瑞德、鲁惟一编，中国社会科学出版社 1992 年 2 月第 1 版）

这套书的完成，首先感谢我的儿子夏子仪，他独立完成了全套书所有资料的核实和查证工作，并且参与了部分章节的写作。这套书的问世，与他的努力和付出是分不开的，因此，我将他列为第二作者。

本套书的出版，更应该感谢漓江出版社的文龙玉首席编辑工作室，因为有编辑老师们的认真敬业，这套书才能与读者如期见面。

由于个人才疏学浅，此书难免有些错谬之处，见笑于方家，也希望读者不吝指正，并望读者见谅。

夏昆

2022 年 12 月 24 日

目 录

上天逼我当皇帝

——王莽篡汉

神秘的黄衣人

公元 8 年岁末的一个黄昏，长安高祖庙前来了一个穿着黄衣的神秘人，神秘人交给守庙官吏一个铜匮，之后便离开了。官吏仔细看铜匮，它分为两格，一格上面写着"天帝行玺金匮图"，另一格上面写着"赤帝行玺刘邦传予黄帝金策书"。这上面竟然写的是高祖刘邦的名字！官吏不敢怠慢，急忙报告摄皇帝王莽。王莽带领官吏来查看，打开铜匮，里面放着一卷金策书，上面明明白白写着摄皇帝王莽是真天子。还附上了辅佐王莽的十一个大臣的名字，其中大多是当时朝廷的高官、王莽的心腹，如王舜、平晏、刘秀①、甄邯等，另外还有三个不认识的人，一个叫王兴，一个叫王盛，还有一个叫哀章。

而公元 8 年，已经是让大汉帝国的子民们非常迷惑的一年了。

本来这一年是居摄三年，也就是假皇帝②王莽摄政的第三年。王莽摄

---

① 刘秀（约前 50—23）：字子骏，原名刘歆。西汉宗室、大臣、经学家，经学家刘向的儿子。
② 假皇帝：代理皇帝。

政的原因，据说是因为先皇驾崩时，刚被立为太子的刘婴实在太小，只有两岁，需要长者辅佐，这个艰巨的任务当然就落在了德高望重的王莽肩上。王莽似乎很勉为其难地接受了这个任务，而且反复强调，自己就像周公辅佐成王一样，是为了帝国利益着想，等皇帝成年，立即就会把权力归还。可是到居摄三年十一月的时候，朝廷宣布改元，年号改成了初始，于是这一年就变成了初始元年。

把居摄改元为初始，显然王莽想走的是渐进的道路，慢慢地将汉朝的皇位夺过来。按照常理，三年居摄，再三年初始，到那时候再宣布改朝换代，也就水到渠成了。可是谁也没想到，这时候居然冒出了个神秘的铜匮金策书，以最简单粗暴的方式宣布王莽必须即位。其实这时候最迷惑的是王莽：虽然他此前暗示过手下伪造祥瑞为自己篡位造势，可是并没有叫他们这时候弄出这个铜匮，这个东西到底是怎么弄出来的？那三个不认识的人，王兴、王盛和哀章又是谁？

秘密就在那个神秘的黄衣人身上。

那个人就是哀章，是蜀地梓潼人，当时在长安太学读书。史书上说哀章"素无行，好为大言"。这几年王莽篡位之心已是路人皆知，于是他想到了一个大胆的投机计划：伪造铜匮金策，拥立王莽称帝。当然他最大的目的是给自己捞好处，所以他把自己的名字列入了辅佐大臣的名单中，为了做得像一点，他还伪造了两个人的名字：王兴、王盛。这两个名字很吉利，合起来就是王家兴盛，太应景了。

虽然哀章上铜匮打乱了王莽循序渐进的计划，但是也迎合了他早登大宝的梦想，因此在第二天王莽就带领群臣进入太庙，拜受铜匮禅位，宣布自己当皇帝了。新的王朝国号叫"新"，改年号为"始建国"。于是公元8年就有了三个年号：一月到十月是居摄三年，十一月改为初始元年，这个年号用了还不到一个月，十二月就变成始建国元年了。原来的

新莽时期画像石拜谒图

太子孺子刘婴被废为定安公，西汉灭亡。

在禅让典礼之后，王莽泪流满面，握着只有四岁的孺子刘婴的手说："当年周公摄政，最后终究将皇位还给了成王。可是我却被天命所迫，不能按照我的意愿去做啊！"[①]说完号啕大哭，周围的人也陪着一起感动。当刘婴被牵着下殿后，王莽密令左右把刘婴关在一个房间里抚养，不允许任何人同他讲话，即便是乳母也不行。在这样的环境下，长大后的刘婴成了一个傻子，连话都说不清楚。

向王莽进献铜匮的哀章没有失望，他被这位刚即位的皇帝任为国将，封为美新公，与太师王舜、国师刘秀、太傅平晏一起成为新朝的"四辅"，这几位的名字也是哀章写在铜匮金策上的。除了他们，哀章还把当时王莽身边的红人王寻、甄邯等人也一起列了进去，有官大家当，这样才显得热闹，合王莽心意。只是另外两个人王兴、王盛谁都不认识——认识才怪了，这两个名字本来就是哀章编造的啊。

---

① 《汉书·王莽传》："昔周公摄位，终得复子明辟，今予独迫皇天威命，不得如意！"

　　既然铜匮金策是上天赐予的，那么这两个人肯定也是上天垂青之人。王莽马上下令查访，很快便找到了两个人——王兴是长安守门的，而王盛是集市上卖饼的。有关部门进行鉴定，认为这俩就是金策上说的那两个人，于是他们一夜之间鸡犬升天——王兴被封为卫将军，奉新公；王盛被封为前将军，崇新公。

　　王莽的新朝就这样轰轰烈烈地登场了。而此时有一个人看着这场面，心里没有激动，更没有开心，有的只是无尽的悔恨。这个人就是王莽的姑母，超长待机的前朝太皇太后——王政君。

借力上青云

　　王政君的祖父是汉武帝时候的绣衣御使王贺。所谓绣衣御使，是当时皇帝派出的负责镇压作乱者的使者，他们掌握生杀大权，往往极为残暴。比如当时担任此职的暴胜之就是喜好杀戮的典型，在一些大郡他可以杀死上万人。可是王贺却比较仁慈，对于"群盗"，他是能饶的饶，能放的放，务从宽和。这样显然不能让汉武帝满意，不久他就被免职了。

　　王贺的儿子叫王禁，王禁生活奢侈，妻妾众多，子女也多，一共生了八个儿子、四个女儿，他的二女儿就是王政君。

　　王政君曾经许配过人家，可是还没过门准新郎就死了。后来又准备嫁人，竟然还是没过门准新郎又死了。王禁很惶惑，就让占卜者给王政君看相，结果占卜者大惊说："您这女儿以后会大贵，富贵得简直没法说。"①

　　王禁心里大喜：难不成我女儿要当皇后？于是请来老师，教王政君

---

① 《汉书·元后传》："当大贵，不可言。"

读书写字弹琴。到她十八岁的时候，王禁满怀希望地把女儿送进了后宫。但是王家此时没有什么背景，王政君进宫后只当了一个地位低下的宫女，连皇帝的边都挨不着。

而一年多之后，王政君遇到了一件改变她命运的事情。

太子宠妃司马良娣重病去世，死前，她告诉太子自己是被太子的其他妃子用巫术害死的。太子十分宠爱司马良娣，对她的话深信不疑，因此司马良娣死后他对其他妃子视若寇仇，再也没有宠幸她们。要命的是，此时太子还没有子嗣。

眼看着皇家要绝后，汉宣帝十分焦急，于是让皇后物色几个良家女子给太子，其中就有王政君。

一天太子来进见，皇后就把王政君等五个女子叫出来让太子看，又悄悄问太子喜欢哪个，太子不愿伤母后面子，随口答有一个还不错，却又没明说是哪一个。正好那天王政君座位靠近太子，又穿着一件鲜艳的红衣服，皇后认为应该就是她了，就把王政君送到太子宫。太子宠幸了她一次，她居然就有了身孕，不久就生下了一个男孩。而此前太子的妃子们都没能为他生下孩子，这个男孩就成了太子唯一的儿子！皇帝因孙子诞生欣喜若狂，亲自为他起名叫刘骜。事实上当时太子很不得皇帝喜欢，汉宣帝甚至多次有废掉太子的想法，但是这个皇孙的出世彻底改变了这一局面。汉宣帝十分宠爱这个皇孙，不仅亲自为他起名，还经常让皇孙伴随自己左右。从这一点来说，太子的地位很大程度上是这小小的皇孙保住的。

几年后，汉宣帝驾崩，太子终于松了口气——总算安全度过预备期，顺利当皇帝了。这就是汉元帝。

汉元帝即位后，王政君被封为婕妤，她的父亲、皇帝的老丈人王禁也被封为阳平侯。三天后，王政君被立为皇后。王禁终于相信占卜者所说的"富贵得简直没法说"是真话了。但是他不知道的是，这只是王家富贵的开始。

汉元帝在位十六年，元帝死后，当年的皇孙刘骜即位，也就是汉成帝。皇后王政君成了皇太后，时年三十九岁。

王政君这下成了皇帝的母亲，地位崇高，无人能比。从此她也就带着王家踏上了炫目的富贵之路。

王禁共有八个儿子，长子王凤，次子王曼，之后是王谭、王崇、王商、王立、王根、王逢时。王政君成为皇太后之后，首先是王凤被封为大司马大将军、领尚书事，显贵无比。之后汉成帝居然在同一天为自己的五个舅舅封侯，王谭封为平阿侯，王商封为成都侯，王立封为红阳侯，王根封为曲阳侯，王逢时封为高平侯。这件事不仅在当时轰动朝野，甚至在后世都余响不绝。从此"五侯"就成了权倾一时显贵无比的代称。南朝鲍照就有这样的诗句："五侯相饯送，高会集新丰。"唐朝的韩翃在他的《寒食》诗里写道："日暮汉宫传蜡烛，轻烟散入五侯家。"就连不肯摧眉折腰事权贵的李白，回忆起自己在长安的豪奢生活时也写道："昔在长安醉花柳，五侯七贵同杯酒。"可见其影响之大。

到此时，王政君的兄弟们除了王曼早死未被封爵，其他的都封遍了，王家之富贵，无人能比。那些被封侯的国舅家的子弟自然也是烜赫一时，相比之下，早死的王曼一家就寒酸多了。

王曼的遗孀叫渠，在东宫服侍王政君。渠的儿子就是王莽。王家一族富贵，偏偏这个孩子从小就死了爹，难免让人遗憾。所以王政君对这个侄儿有些怜悯，多次在儿子汉成帝面前称赞王莽，而王谭、王商等人也经常称赞王莽，于是汉成帝也觉得这个舅舅一家是有些可怜，就下诏追封王曼为新都哀侯，王莽则世袭爵位，成了新都侯。

王莽被封为新都侯之后一直显得忠厚老实，人畜无害。之后王谭等叔叔辈的相继去世或者退休，大汉帝国的政坛，终于成了王家子侄辈的天下。

绥和元年（前8年），王莽告发叔父红阳侯王立与大臣淳于长图谋不轨，结果淳于长下狱被杀，王立也被免官遣送回封地。大义灭亲的王莽立下大功，被提升为大司马。

汉成帝年轻的时候喜欢学术，温文尔雅，被认为是最能重振大汉雄风的皇帝。可是即位后不久他就耽于酒色，成功转为著名昏君之一。也许是这个原因，他没有儿子。汉成帝在位二十五年，最后死在宠妃怀中。由于他没有儿子，最后在王根的策划下，将原来定陶恭王的儿子刘欣过继过来立为太子。成帝死后，太子即位，也就是汉哀帝。"哀"是刘欣的谥号①，这就说明这位皇帝的福分是比较薄的。

哀帝即位不足七年就死了，于是皇太后王政君就成了太皇太后，她和侄儿王莽一起策划迎立平帝。当时平帝只有九岁，而且体弱多病，不可能处理朝政，因此太皇太后临朝称制，事实上掌权的则是王莽。这一年太皇太后王政君七十一岁，王莽四十五岁。他们册立年幼的平帝目的很明显，便于自己掌握大权，只是此时的王政君并不知道，自己正在一步步葬送大汉王朝。因为她怎么也想不到，这个如此讨自己喜欢的侄儿，竟然就是汉朝的掘墓人。

从小失去父亲，靠寡母养大的王莽深谙讨好长辈之道，为了得到姑母的欢心，他花巨资贿赂王政君左右，让他们替自己说好话。此时王政君的兄弟们已经被分封遍了，王莽便上书请求册封王政君的几个姐妹，于是这些姑母也成了王莽的同盟军。王莽深知老年妇女的寂寞，因此特

---

① 谥号：古代帝王、诸侯、大臣等死后，朝廷根据其生前事迹和品德给他的一个评定性的称号。谥号有表示褒扬的，也有表示贬斥的，还有表示同情的。根据谥法，蚤孤短折曰哀。

地制定制度，让太皇太后四季驾车到京城郊外游玩，慰问孤儿寡母，率领皇后和贵妇采桑养蚕，登山赏景，老太太开心得不得了。王政君的一个弄臣生病了住在外面，此时王莽已经担任大司马，但是他还亲自去护理，这让王政君感觉这个侄儿太懂事了。

从汉元帝到汉成帝到汉哀帝再到汉平帝，王政君由皇后变成了太皇太后，王莽也成了皇帝的叔叔辈，此时他的权力已经无人能比。他觉得汉室的安定全靠自己，于是暗示群臣给自己上了个安汉公的尊号，之后又暗示群臣给自己上尊号为宰衡。宰衡这个官职是不存在的，是王莽将上古时候的两个职位"太宰"和"阿衡"合在一起新造的称号。这让人想起秦始皇将"三皇""五帝"合在一起创造了一个新词"皇帝"作为自己的专称。此时王莽的野心已是路人皆知。

汉平帝九岁即位，只做了五年皇帝，十四岁就死了。史书认为是被王莽毒死的。汉平帝死后，王莽故技重施，册立了一个两岁的婴儿为先皇的太子，这就是孺子刘婴。太子年幼，太太皇太后也需要颐养天年，摄政的"苦"差事只好由王莽承担了，于是他宣布自己为摄皇帝。公元6年，王莽下令改元居摄，这一年也就是居摄元年。

王莽册立刘婴，显然是觉得自己篡位的时机还不成熟，需要找一个年幼的皇帝来作为过渡。此时王政君已经察觉到了这个侄儿的野心，无奈王莽已经羽翼丰满，太太皇太后也无力回天了。

与此同时，王莽暗示手下大量伪造图谶[①]，为自己成为真皇帝做舆论准备。居摄三年（8年），广饶侯刘京给朝廷上了个奏章，讲述了一件奇怪的事情：七月的时候，齐郡临淄县昌兴亭一个叫辛当的亭长一晚上连做了几个梦，梦见一个人说："我是天帝的使者，天帝让我告诉你：摄皇帝

---

① 图谶：古代宣扬迷信的预言、预兆一类的书籍，在西汉末年和东汉相当盛行。

应该成为真皇帝。如果你不信我,这个亭里面会有一口新的井。"亭长早晨起来巡视,果然出现了一口新井。类似的图谶在各地都被"发现",在这种情况下,王莽似乎"被迫""顺应天命",把自己"摄皇帝"的称号很克制地改为"假皇帝",并改元为"初始"。他言之凿凿地宣称自己只是暂时代理皇帝,等太子成年,马上归政。

而不到一个月,就"发现"了铜匮金策,上面明明白白地写着王莽要代汉成为皇帝。此时王莽自然顺水推舟,导演了一场接受禅让的好戏,将西汉王朝变成了历史。为了表明自己统治的合法性,他派堂弟安阳侯王舜向姑母王政君索要其保管的传国玉玺。此时的王政君知道木已成舟,无法改变,她大骂王舜:"你们父子宗族承蒙汉家的恩宠,几代富贵,没有什么回报的。受了别人托孤之请,却趁机夺取了人家的国家,不再顾及恩情仁义。人到这个地步,猪狗都不吃你们剩下的东西,天下怎么会有你们这样的兄弟!而且王莽既然自称受天命成为新皇帝,改变旧朝的制度,就应该重新做玉玺,传之万世,拿这个亡国的不祥玉玺来干什么?!我是汉家的老寡妇,早晚就死了,想和玉玺一起埋葬,你们休想得到!"

王舜说:"我们已经无法谏止了。他要国玺,您还能不给他吗?"王政君听他言辞恳切,又担心王莽威胁,于是把国玺扔到了地上。

王莽终于得到了国玺。

脑洞清奇的改革——王莽改制

唐代大诗人白居易在他的《放言五首·其三》中说:

周公恐惧流言日,王莽谦恭未篡时。

向使当初身便死,一生真伪复谁知?

这首诗的意思是：像周公这样的圣人，生前还有人传布他谋朝篡位的流言；而像王莽这样的奸臣，在未篡权时也以谦恭闻名。如果那时候他们就死了，一生的真伪又有谁知道呢？

王莽的父亲王曼早死，因此比起他的同族兄弟们，王莽早年生活算是比较清苦的。当时他的五个叔父同一天被封侯，五侯家的子弟们也志得意满，整天高车驷马，招摇过市，吃喝玩乐。只有王莽一个人谦虚恭敬，认真学习，生活节俭，就像一个朴实谦逊的儒生。王莽有个哥哥也早死，他侍奉母亲和寡嫂十分恭敬，抚养哥哥留下的儿子也尽心尽力，道德上堪称楷模。王莽的伯父、大将军王凤生病时，王莽侍奉他比亲儿子还孝顺，亲自为伯父尝药，一个月没有脱衣睡觉，弄得蓬头垢面，如同乞丐。这让王凤十分感动，临死的时候，把王莽托付给太后和皇帝，因此王莽被任为黄门郎，这是他走上仕途的第一步。

王莽被封为新都侯后，仍然谦恭有加。他得到的车马、衣服都送给了宗族宾客，自己都没留下。他还接济名士，结交将相大臣，在士大夫中享有盛誉，风评好得连他的叔叔们都赶不上。有一次，他买了一个婢女，这事被别人知道了，大家都奇怪平时生活简朴的王莽怎么也开始追求声色。王莽说："我听说后将军朱子元没有儿子，这个女子应该是能生儿子的，我是替他买的。"当天就把那个婢女送给了朱子元。

后来，他因为揭发叔父王立与淳于长图谋不轨而立功，被封为大司马，继四位伯叔父之后登上辅政高位，这时候的王莽才三十八岁，但是他并没有被胜利冲昏头脑，反而更加砥砺德行。他提拔了大量人才，自己所得的赏赐和封地的收入都用来供养他们，而自己生活简朴得让人震惊。有一次王莽母亲生病，大臣们派自己的夫人去探望，王莽的夫人出来迎客。她穿着寒碜的布裙，短得刚刚遮住膝盖。大臣的夫人们还以为这是王莽家的女仆，一问才知道居然是大司马的夫人，众人大惊。

有人说王莽是大伪，如白居易就持这样的观点。但也有人说王莽可能内心也是极端真诚的，他的确是以儒家的信条要求自己，甚至到了不近人情的地步。哀帝时，大臣认为王莽权势太大，应该贬为庶人。皇帝觉得王莽很无辜，而且他又是太皇太后的侄儿，于是只是叫他回到封地。王莽回封地之后，闭门不出。这时候他的儿子王获杀了一个仆人，王莽大怒，斥责儿子，逼令他自杀。因这件事王莽的声誉更高了，官吏和百姓数百人上书为王莽鸣冤，于是皇帝只好又请他回到京城。

王莽权力越来越大，他也开始按照自己的构想来建立一个理想中的儒家王国。他认为，只要按照儒家的理念，制定好规则，那么天下自然太平。所以他即位之后，整天忙于研究地名、礼法、音乐等事情，而老百姓急切要解决的问题，如司法狱讼、赋税管理等一切都不关心。县令缺人，长年由太守兼任，来京城汇报政务的官员滞留几年都回不去；守边士兵期满却没有接替的部队，以至于几年回不了家；很多地方盗贼蜂起，多年无法平定。

天下渐乱，此时王莽在忙什么呢？

王莽自称是黄帝的后裔，他认为应该一切回复古制才能天下太平。因此他竟然要恢复周朝的井田制，禁止土地买卖，希望一切回到上古的状态。

不仅改土地制度，王莽还爱改名。即位之前，王莽就因认为"秦以前复名盖寡"，下令禁止双名。这个对于汉族人来说问题倒是不大，两个字名字的去掉一个字就可以了，但是王莽要求匈奴单于也要遵照执行。单于当然不愿意，王莽便叫使者去暗示单于：听话就会有厚赏。谁也不会跟钱过不去，单于心领神会，上书说："我原来叫囊知牙斯，为了响应朝廷号召，我决定改名叫知。"王莽知道后大喜，厚赏了单于。

　　即位后，王莽把很多官名也改成上古的名字，比如把大司农改为羲和，后来又改为纳言，大理改为作士，太常改为秩宗，少府改为共工。不仅改官名，地名也改，首先就把长安改为常安。有些地名一年改几次，不仅外地人，就连当地人也不知道这里叫什么地方了。此外，连民族名字王莽也要改，比如把"匈奴"改为"降奴"，把"高句骊"改为"下句骊"，仿佛觉得这样大新王朝真的就雄踞于世界民族之林了。除了改名字，王莽还改革币制，下令铸造新的钱币，如错刀、大钱等，甚至恢复了古代的贝壳币、布币，最多的时候有二十多种货币，换算极难，十分不便。而且每次发行的新的货币都比原来的小，价值却比原来高，实际上变相造成通货膨胀，老百姓很多因此倾家荡产。

　　王莽关注这些啼笑皆非的改革，却放任政治混乱，一时间朝廷贪污腐化成为常态，国家混乱到极点。他进行土地改革原本是想禁止豪强兼并，但是一味复古显然不能达到目的，反而得罪了豪强大族；修改官名地名人名又造成生活混乱，币制的修改更是惹得民怨沸腾。可以说王莽的改制成功得罪了从上到下所有人，因此各地纷纷起兵反叛。而王莽对待

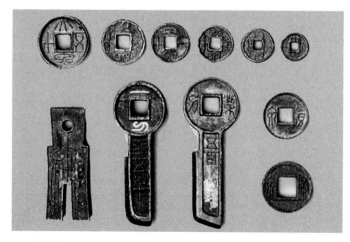

部分新莽时期货币

反叛的方式也堪称脑洞清奇。

地皇四年（23年），刘秀在昆阳之战中大胜，歼灭王莽军主力，王莽恐惧万分，带着群臣到京城南郊，向上苍陈述自己顺应图谶符命即皇帝位的经过，言下之意是："老天爷呀，你逼着我当皇帝，可是又为什么整出这么多反贼呢？"陈述完之后，王莽率领群臣向上天大哭。因为他相信这样能够得到天帝怜悯，转危为安。不仅自己和群臣哭，他还准备了食物，招募太学学生和老百姓跟着整天整天地一起哭，谁哭得好，就任命谁为郎官，这一哭竟然就哭出了五千多郎官！

除此之外，王莽还用五彩药石烧制了一个北斗形的铜斗，号称"威斗"。王莽相信这个神器能让他消灭叛军，重现辉煌。

而此时绿林军已经攻进了长安城，他们放火焚烧宫室。王莽跑到宣室前殿避火，还不忘带着他的宝贝威斗。还让天象官拿着式盘在面前转，他根据时辰，随着北斗的斗柄位置转移座位，并给自己打气："上苍让我当皇帝，汉兵能把我怎么样？"可是汉兵还是攻来了。王莽带着大臣卫士逃到渐台上防守，手下全部战死。王莽也被冲上来的商人杜吴杀死，头被校尉公宾就砍下。

东汉北斗帝车石刻画像（山东嘉祥武梁祠）

　　王莽的新朝在公元9年建立，灭亡于公元23年，一共存在了十五年。两年后，一个原来绿林军的大将称帝，建立东汉。这个大将就是南阳豪强刘秀。

东汉辎车画像砖拓

中兴之君，定鼎帝王
——刘秀的崛起

牛背上的皇帝

在公元前后的中国，刘秀可是个如雷贯耳的名字，在西汉末期，他是安汉公，后来的摄皇帝王莽的心腹。王莽建立新朝之后，更是封他为国师、嘉新公，权倾一时。

刘秀原名刘歆，因为歆与汉哀帝刘欣的名字同音，因此改名叫刘秀。刘秀是著名经学家刘向的儿子，父子曾经一起编订《山海经》。刘秀在儒学上造诣很深，同时在校勘学、天文历法等方面也有很大贡献。但是在公元前后这段时间，人们提起这个名字最多的，还是因为一句谶语：

刘秀发兵捕不道，四夷云集龙斗野，四七之际火为主。

有人传说，这句谶语是刘秀根据一本叫《赤伏符》的奇书推出来的。只要识字的人，都懂它的意思：刘秀要当皇帝。可是王莽的新朝刚刚建立，难不成国师刘秀要取代王莽自立？大家惶惑不已，这句谶语也极其隐秘地私下流传着。

新野有个叫邓晨的人，有一天带着他的小舅子去拜访一个叫蔡少公的朋友。蔡少公也精通图谶，大家聊着聊着就聊到了这句谶语。

蔡少公说："看样子，国师刘秀要做天子啊！"

大家都附和着点头。

突然跟着一起来的邓晨的小舅子说："你们怎么知道不是我呢？"

大家一看他，都大笑起来。只有邓晨心里十分高兴，因为他以前就认定自己这小舅子并非凡人，而他的名字也叫刘秀。

这个刘秀其实也是帝王之后，他是汉高祖刘邦的九世孙，出自长沙定王刘发这一支。只不过经过漫长的时间，传到刘秀的父亲刘钦这里时，家道已经中落，刘钦只担任了个南顿县令。据说刘秀出生时当地一株麦子上长了九个麦穗，这在古人看来是极大的祥瑞，于是刘钦就给孩子起名叫刘秀。

汉光武帝像

刘钦有三个儿子，长子刘縯，次子刘仲，少子就是刘秀。刘钦后来早逝，三个兄弟由叔父刘良抚养长大。长子刘縯性格刚毅，喜欢游侠。王莽篡汉后，他愤恨不已，内心暗怀兴复汉室的愿望，因此仗义疏财，结交豪客，为起事做准备。而刘秀则忠厚老实，整天辛勤种地，一点都不像有远大目标的人。刘縯经常笑话这个弟弟，把自己兄弟比成高祖兄弟，因为高祖刘邦也有个老实巴交，只会整天种地的哥哥。

王莽篡汉之后，原来拥护刘氏皇族的豪强贵族本来就内心不满，他进行的一系列改制又弄得天怒人怨，因此各地都爆发了反对王莽的起义。当时的新市和平林就爆发了大规模起义。宛城人李通、李轶听说后，就谋划起兵响应，而南阳本地的皇室子孙刘縯、刘秀兄弟威望很高，于是他们找到刘秀兄弟商量，决定在秋季县里检阅骑士的时候举事，杀掉王莽军的前队①大夫甄阜和属正梁丘赐。可是还没来得及行动，消息就走漏了，李通等人仓皇逃走，李通父亲等六十四人被连坐杀害。

出师不利的刘縯派人去游说新市和平林的义军，和他们合军攻击长聚，取得小胜。但是因为战利品分配问题义军内部产生矛盾，兵士想杀掉刘縯、刘秀兄弟。刘秀知道后，马上劝说族人将得到的战利品全部分给众人，终于避免了义军内讧。

虽然取得小胜，但是义军力量仍很弱小，装备低劣，刘秀最初连战马都没有，是骑着牛上阵的。而在攻下长聚之后，义军与甄阜、梁丘赐的军队作战，结果大败。刘秀单骑逃跑，遇到妹妹伯姬，就让她上马一起逃跑。不久又遇到姐姐刘元，也就是邓晨的妻子，刘秀叫姐姐上马，刘元挥手说："快跑！你救不了我，不要大家都死在这里！"刘秀无奈只好离开，不久追兵赶来，刘元和三个女儿都被杀了。

为了扩大势力，刘縯和刘秀带着自己的舂陵军与绿林军中的新市军、平林军、下江军联合，实力大大增强。为了扩大影响，绿林军将汉朝宗室、舂陵戴侯的曾孙刘玄立为皇帝，这就是历史上的更始帝。当时南阳的豪杰们想拥立刘縯，但是新市、平林的将帅在军中势力更大，最后还是拥立了刘玄。刘縯被封为大司徒，刘秀则被封为太常偏将军。

更始帝即位让王莽震动很大，原来以为这些流寇不过是乌合之众，谁知道他们现在居然打着兴复汉室的旗号号令天下，甚至还拥立了皇帝。王莽随即派大司空王邑、大司徒王寻征发各州郡精兵四十二万，进军昆阳和宛城，企图一举消灭更始政权。

王莽军队声势十分浩大，朝廷征召了当时精通兵法的六十三家中的

---

① 王莽时期设置了六个行政区，称为六队。南阳为前队，河内为后队，颍川为左队，弘农为右队，河东为兆队，荥阳为祈队。

数百人担任军吏，又找到一个魁梧的巨人，取名叫巨毋霸，让他担任垒尉威慑敌军，还驱赶虎豹犀牛战象等猛兽作为前锋。四十二万军队号称百万，旌旗、辎重绵延千里不绝。而此时昆阳城内守军只有八九千。诸将心惊胆战，都想逃跑。刘秀劝阻说："现在敌强我弱。如果我们合力抵抗，也许还有一线生机；如果四散奔逃，一定死无葬身之地。昆阳如果失守，一天之内，我们所有部队都会被消灭。这时候我们不同心协力以取功名，难道还能够回去守着老婆孩子和家财吗？"诸将被揭短，恼羞成怒说："刘将军怎么敢这么说！"刘秀笑着起身。正好这时候侦察骑兵回来报告："敌人马上到城北，军阵数百里，看不见尽头！"诸将本来看不起刘秀，但形势紧迫，不得已求助说："请刘将军筹划对策。"刘秀于是对众将说了自己的计划，大家都同意听他调遣。刘秀就留王凤、王常守昆阳，自己夜里带着李轶等十三名骑士冲出南门，到外面去请救兵。

刘秀到郾、定陵，命令所有军队出发救援。有些将领舍不得财物，想分出兵马守护。刘秀说："现在如果击破敌人，得到的珍宝有万倍，还可成就大功。如果我们失败，你们连脑袋都保不住，还谈什么财物！"

更始元年（23年）六月一日，刘秀率领步骑兵万余人驰援昆阳，自己率领千余人作为前锋。此时昆阳已被围了几十重，像铁桶一样。王莽军队在城外扎了几百个军营，挖掘地道，制造冲车攻城，乱箭如雨下，城里的人汲水都得头顶门板。看到刘秀的救兵前来，王邑、王寻派出几千人迎战。刘秀一马当先冲入敌阵，斩杀数十人。诸将又惊又喜："刘将军平时遇到小敌胆怯，没想到遇见大敌竟如此勇猛！"众将跟着刘秀向敌人猛攻，王莽军大败，被杀上千人。几场小战斗下来，义军连战连胜，士气大振。刘秀又率军三千偷渡西水，向王莽军的中军发动攻击。王邑、王寻此时犯了轻敌的兵家大忌，他们只带着一万余人迎战，并命令其他部队坚守阵地，不许参战。刘秀军人人以一当百，殊死战斗，王邑、王寻军阵势被冲乱，其他部队因为没得到命令不敢前来救援。此时城里义军也呐喊着杀出，王寻死于乱军中。王莽军队大败，逃跑的人互相践踏，伏尸百余里。这时候突然风雷大作，屋顶的瓦都被刮飞，大雨如注，河水暴涨，王莽军中的猛兽都吓得瑟瑟发抖，溃兵被淹死的上万人，尸体堆叠得连河水都无法流动。王邑和手下严尤、陈茂骑着马踏着河里的尸体渡河才逃得性命。义军缴获了敌人的全部辎重，这些东西用车拉了几个月都没拉完，最后只好把剩下的放火烧了。

号称百万的王莽军主力被消灭，也就给王莽政权敲响了丧钟，王莽的末日已经成为定局。刘秀在昆阳之战中起的作用是决定性的。但是，他并没有来得及品尝胜利的快乐，因为很快他就接到一个噩耗：自己的哥哥刘縯被更始帝处死了。

飞鸟投林——疾奔河北

刘縯与绿林诸将矛盾的祸根在刘玄被立为更始帝的时候就埋下了。

当初诸将之所以不拥立刘縯而拥立刘玄，就是因为刘縯性格强势，而且手中握有兵权，立他对诸将的权力会有很大威胁；而刘玄为人懦弱，又没有什么背景，是做傀儡的最好人选。但是更始帝被拥立之后，绿林诸将还是越来越强烈地感觉到刘縯对自己的威胁，所以多次想要除掉他。对这一点刘秀很早就敏锐地感觉到了，他私下告诫哥哥"事情好像不对头"，但是刘縯不以为意地说"这种事情太常见了"，一点防备也不做。

有一次更始帝大会诸将，让刘縯把他的宝剑拿来给自己观赏。在皇帝面前舞刀弄剑是犯大忌，这也是除掉刘縯的绝佳时机。绣衣御史申屠建马上就向更始帝献上玉玦。两百多年前的鸿门宴上，范增就玩过同样的招数，因为"玦"与"决"同音，宴席上他就多次举起玉玦暗示项羽下决心杀掉刘邦。更始帝其实也明白申屠建的意思，但是他胆子太小，不敢动手。散席后刘缜的舅舅樊宏提醒他说："今天申屠建的意思莫非跟范增一样？"刘缜没有答话。而形势逐渐向着对刘缜不利的方向发展，就连最初跟他们一起起事的李轶也倒向对方一边。刘秀提醒兄长："李轶这个人不能再信任了。"但是刘缜根本不相信。

刘缜被杀的导火索是他的部将刘稷被杀事件。刘稷勇冠三军，对刘缜忠心耿耿，当他知道刘玄被立之后，大怒说："我们起兵图大事，就是因为刘伯升（刘缜字伯升）兄弟。这个更始帝是干什么的？"更始帝任命刘稷为抗威将军，"抗威"这个名号其实是有侮辱性质的，刘稷不肯接受。更始帝率领手下诸将带着数千兵马抓捕刘稷，要处死他。刘缜见状拼死为刘稷说话，李轶等人就劝更始帝趁机把刘缜也收拾了，于是刘缜与刘稷同一天被杀。

知道这个消息之后，刘秀表现出了王者非同一般的隐忍和克制，他马上飞马跑去向更始帝谢罪，对于兄长的旧部属他也不进行任何私下交流，只是一个劲地承认错误。即便刚刚在昆阳之战中立下大功，刘秀也不夸耀自己的功劳，甚至根本不为兄长服丧，喝酒吃肉说说笑笑跟平常一样。只有他的贴身手下知道，当刘秀独处时，总是思念兄长，哭泣不已，而且也绝不饮酒吃肉，默默哀悼兄长。

刘秀的这种举动反而让更始帝有些不好意思了，于是他拜刘秀为破虏大将军，封其为武信侯。

眼前的大祸暂时躲过了，但是刘秀很明白，如果继续待下去，自己的下场将和哥哥一样。此时更始帝已经派兵攻下洛阳、长安，王莽被杀，王莽的太师王匡还有那个献上铜匮的投机者哀章也丧命。更始帝计划定都洛阳。当时除了绿林军，还有很多武装力量存在，另外还有隗嚣、公孙述等军阀割据一方，逐鹿中原，最后谁能问鼎还未见分晓，所以很多地方也处在观望状态。更始帝派使者到河北，宣称"谁先投降就恢复他的爵位"。上谷太守耿况迎接了使者，上交了印绶，使者接受之后没把新的印绶给耿况，也没有归还旧印绶的意思。过了一晚上，耿况的部下寇恂坐不住了，带兵来见使者，要求归还印绶，使者不从。寇恂说："我不是想威胁您，只是觉得您考虑事情太不周全了。现在天下初定，您以皇帝之命出使，地方官员没有不俯首听命的。但是您现在刚到上谷就失去信用，还怎么去号令其他地方？"使者还是不想从命，寇恂叫左右假托使者的命令把耿况招来，耿况到了之后，寇恂亲自从使者那里夺过印绶给耿况佩戴上。使者没有办法，只好下达了对耿况的任命。

这种把戏玩过之后，河北很多地方都对更始政权失去了信任。更始帝没有办法，于是想另派亲信大臣去招抚河北。刘秀极力请求派自己去。大司马朱鲔等坚决反对，因为他们明白，让刘秀去河北等于放虎归山。但是大司徒刘赐力荐刘秀，对更始帝说非刘秀不能解决河北问题。同时，刘秀也买通左丞相曹竟之子曹诩为他说话。于是在更始元年（23 年）十月，更始帝刘玄派刘秀行大司马事北渡黄河，招抚河北诸郡。

刘秀带着少许亲信北渡黄河，前往河北，这时候他的心情如飞鸟投林，鱼归深渊。因为他终于摆脱了更始诸将的掌控，能够自己开创一番事业了，但是前途究竟怎样，此时所有人都不知道。

东汉复兴根据地的建立——光武平河北

刘秀刚到河北，他在南阳的至交邓禹就杖策追赶，在邺城赶上了刘秀。

刘秀说："我现在有任免官员的权力，你来是想讨个官做吗？"

邓禹回答："我希望您能威德加于四海，我能为您效一点力，从而能够名垂青史。"

刘秀听了后微微一笑，明白了邓禹的意思。当晚，邓禹与刘秀长谈，说："现在山东未定，赤眉军、青犊军人数都有数万。更始帝是个庸才，手下的将领也没什么才能，只是想争夺财物罢了。现在看起来，天下归于谁手还未能确定。您有盛德大功，为天下人信服，不如招揽英雄，顺应民心，建立高祖的基业，也能救万民于水火。"

刘秀听了之后十分高兴，从此邓禹成了刘秀的心腹，两人经常一起商议计策。刘秀对诸将的任用也多征求邓禹的意见，于是大多都能人尽其才。

刘秀到河北后，经过每个郡县，都考察官吏，释放囚犯，废除王莽的苛政，百姓十分拥护。但是要平定河北并非易事，因为此时的河北是王郎的地盘。

王郎是邯郸人，原来以算命为生。天下大乱时，他自称是汉成帝流落民间的儿子，于是在邯郸自立为帝，西汉赵缪王之子刘林也拥戴王郎。刘秀想要招抚河北，必须先打败王郎。此时王郎兵强马壮，刘秀几乎是孤家寡人，实力悬殊差之天壤。刘秀和手下甚至多次有逃回去的想法。而就在这时，刘秀遇到了他人生中一个重要的人物，这个人成了刘秀平定河北乃至于后来一统天下的得力助手。他就是前面提到过的上谷太守耿况的儿子耿弇（yǎn）。

当时耿况派耿弇去长安，这时候耿弇二十一岁。走到半路，听到了王郎自立为帝的消息，耿弇手下很多人认为王郎是汉室后代，应该投奔王郎。耿弇按剑说："王郎不过是个小贼，成不了大事，我到长安请朝廷出兵，王郎命在须臾！"但是手下不听他的，还是投奔王郎去了。耿弇听说大司马刘秀在河北，于是赶去相见。此时王郎悬赏十万户捉拿刘秀，刘秀手下几乎没有一兵一卒。耿弇说："渔阳太守彭宠是您的老乡，上谷太守就是我父亲。征发这两郡的军队就能得到上万人，足以跟邯郸的王郎抗衡。"刘秀的手下都有些瞧不起这个小青年，但是刘秀却指着耿弇说：“这就是我的北道主人。”

但是还没等他们召集兵马，所在的地方已经起兵投降王郎了，城中一片混乱。刘秀等人慌乱中斩关出城，连夜逃跑，混乱中耿弇与刘秀也失散了。由于怕王郎的追兵，刘秀等人不敢进入城邑，只能在路边休息吃饭。一行人到饶阳的时候，又冷又饿。刘秀就冒充王郎的使者，带人进入驿站。驿站官员刚把食物端上来，一群人就饿虎扑食般狼吞虎咽起来。驿站官员不由得怀疑：皇帝使者哪有这样狼狈得跟乞丐一样？怀疑他们是冒充的，于是官吏擂鼓大喊：“邯郸将军到了！”刘秀手下听见后大惊失色，刘秀也吓得想上车逃命，但一想，真是这样，逃也逃不了。于是慢慢回来坐下，说：“请邯郸将军进来。”邯郸将军当然没有进来，刘秀与手下吃饱了赶快上车，继续逃命。

到了下曲阳，听说王郎派兵紧随其后，大家十分惊恐。到滹（hū）沱河的时候，前面探路的说：“河水汹涌，附近无船，不能渡河。”刘秀派部将王霸再去探视，王霸一看果然如此，但是他怕惊吓众人，于是撒谎说：“河水结冰了，可以渡河。”大家大喜，刘秀也以为是前面侦察的人说谎。等走到河边，河水果然结冰了！于是大家赶紧渡河，还剩几个骑士没渡完，河冰竟然消融了！

刘秀一行人如丧家之犬，不知道该到哪里去。有一个白衣老人站在路旁大声说：“努力！信都还是长安的支持者，距离这里八十里。”一群人急忙赶到信都，果然这里的太守不愿意投降王郎，继续拥护长安更始政权。刘秀的手下想借用信都的兵护送自己回长安，但是信都地方官极力劝阻，希望刘秀能够留下抵抗王郎，刘秀于是打消了逃跑的念头。

但是此时信都的兵力不过四千人。当时河北一支由城头子路①、刁子

---

① 城头子路：新莽末年东平人爰曾，字子路，与肥城刘诩起义于卢县（今山东济南市长清区南）城头，因号“城头子路”。

都率领的农民军势力强大，刘秀便号称自己率领他们的部队，以百万大军攻打王郎，接连攻下了几个县，兵力也发展到数万人。

刘秀带兵到了广阿，一天巡逻兵来报，城外出现一支数万人大军，正快速进逼！刘秀和手下大惊，河北能有如此大军的只能是王郎。大家急忙登城准备抵抗。可是大军来到城下，却并不攻城，只见军阵前一位青年将军下马便拜，众人大惊，仔细一看，这位青年竟然就是失散的耿弇！原来耿弇跟刘秀失散后回到上谷，说服了自己的父亲耿况和渔阳太守彭宠，率领数千精骑与王郎军队作战，消灭敌军数万，想不到竟然在这里与刘秀相遇。

与耿弇的会师不仅使刘秀得到了名将耿弇的效力，更得到了天下闻名的上谷突骑，还得到了耿况、吴汉、盖延、寇恂等一大批良将，这些人后来都为刘秀一统天下立下了汗马功劳，成为东汉的开国元勋。

此前更始帝也派尚书令谢躬攻打王郎，但是没有成功。这时候刘秀便与谢躬合军，与王郎大将倪宏大战。一开始刘秀军队失利，部将景丹率领突骑进攻，大败倪宏。刘秀大喜说："我早就听说突骑是天下精兵，今天看到他们作战，的确如此啊！"

刘秀率军直取邯郸，连战连胜，不久邯郸被攻破，王郎逃走，王霸追上斩杀了王郎。河北自此平定。

河北平定后，刘秀的势力急速增强。更始帝感觉到了威胁。他封刘秀为萧王，下诏令刘秀回朝，并任命苗曾为幽州牧、韦顺为上谷太守、蔡充为渔阳太守，前去替换刘秀。

刘秀一时不知道如何处置。一天他在休息，耿弇直接进入内室说："这几场战役，士卒死伤很多，请让我回上谷征兵。"

刘秀说："王郎已破，河北平定了，还要兵做什么？"

耿弇说："王郎虽破，但争夺天下的战争才开始。现在长安使者要我们罢兵，不能听他们的。赤眉和铜马军队还有几十上百万，不是主公无法平定。"

刘秀忽然坐起来说："你说这样造反的话，我要斩了你！"

耿弇说："大王待我如父子，所以我才敢对大王说真话。"

刘秀说："我开玩笑的，说说你的看法。"

耿弇接着详细说了自己的意见。他认为更始帝不过是个庸人，手下大将也不过是流寇，真正能够取得天下的只有刘秀。

听了耿弇的建议，刘秀终于下定了决心。他借口河北还没完全安定，拒绝了更始帝要他解散军队回到长安的诏令，也就从这时候开始，刘秀有了独立于更始政权的想法。

此时除了绿林，还有铜马、大肜、高湖、重连、铁胫、大枪等数十支农民武装，兵力上百万人。刘秀想带兵平定，但是更始帝派来的苗曾等人私下命令州郡不给刘秀兵马。于是刘秀派吴汉斩了苗曾，耿弇也到上谷抓捕了韦顺和蔡充杀掉。从此，刘秀与更始帝公开决裂。

更始三年（25年），赤眉军攻入长安，更始帝出逃，不久又投降，之后被杀。

这一年六月，刘秀在众将拥戴下，于河北鄗城的千秋亭即皇帝位，改元建武，国号仍为汉，东汉的帷幕就此拉开。

得陇望蜀——扫平天下

王莽天凤元年（14年），琅琊（今山东境内）海曲县一个叫吕母的人，她儿子被杀死了。

吕母的儿子是县里的小吏，因为一些小过失，被县令处死。吕母对县令恨之入骨，决定报仇。吕家很有钱，于是吕母大量酿酒，并购买武器和衣服。乡里的游侠少年来吕母这里沽酒，吕母都让他们赊账，看见谁比较穷，还给他们衣服。过了几年，吕家财产用尽。先前那些得到好处的少年觉得过意不去，纷纷要凑钱偿还，吕母对着他们垂泪说："我之所以厚待大家，不是为了钱，而是因为县令无道，枉杀我儿子，我想报仇，大家能够哀怜我吗？"

少年们被吕母的决心感动，加上又受她恩惠，于是都答应了。吕母聚集了百十号人，逃到海上，招纳亡命之徒，不久就有了数千之众。之后吕母自称将军，率军攻破海曲，抓住县令杀死，总算为儿子报了仇。

几年之后，琅琊人樊崇也起兵造反，一年之后，便有上万之众。这时候吕母已经病死了，她的部众很多就归入樊崇军队，有的也归入了另外的义军，如青犊、铜马军。王莽派军队镇压樊崇，樊崇怕自己的军队与敌军混淆，下令所有将士把眉毛涂成红色，因此这支部队就叫赤眉军。

绿林军拥立更始帝，定都洛阳，樊崇等人最初也归降绿林，后来因为利益分配问题又愤而出走，转而与绿林为敌。这时候赤眉军已发展到三十余万人，装备精良，与更始政权几次作战都取得胜利。这时候赤眉军中的巫师声称上天降下神谕，要赤眉军自立为帝。樊崇和手下经过商议，觉得还是立汉朝宗室为帝比较稳妥。此前，他们俘虏了城阳景王刘章的后代刘盆子，让他在军中牧牛，于是就把年仅十五岁的刘盆子立为皇帝，樊崇担任御史大夫。

不久，赤眉军打败更始军进入长安，更始帝投降，后来被杀。赤眉军的首领大多农民出身，很多连字都不认识。进入长安之后他们并没有改变流寇本性，依然大肆烧杀抢掠，没几天就把长安洗劫一空。为了寻找粮食，赤眉军被迫撤出长安，向西进发，结果遭到更始军严春的阻击，又遇上天降大雪，很多士兵被冻死，山谷都被尸体填满。

碰了钉子的赤眉军又回到长安，他们掘开帝王陵墓，寻找珍宝。这时候刘秀派大将邓禹攻打赤眉，结果邓禹反被击败。之后邓禹又与赤眉作战，再次被打败。战事不利，刘秀派偏将军冯异代替邓禹，并嘱咐冯异说："老百姓久受战乱之苦，你此去，堡垒营寨投降的，让他们主帅来京师，让百姓回家务农耕桑。不要屠城，重要的是要安抚百姓，你要约束手下不能肆意掳掠，严明军纪。"

此时关中发生大饥荒，赤眉军掳掠不成，就想东归，兵力尚有二十余万。刘秀下令分军为两部分，一部分屯驻新安，一部分屯驻宜阳，并命令将领："如果敌人东归，就带领宜阳军队与新安军队会合；如果敌人南逃，就让新安军队与宜阳军队会合。"

汉光武帝即位后，拜卓茂为太傅（明仇英绘《帝王道统万年图》）

冯异没有辜负刘秀的期望，在崤底一战中大破赤眉军，招降八万余人。剩下的赤眉军残部果然逃往宜阳，而此时刘秀早已率领重兵等候多时了。赤眉军走投无路，只好请降。

紧接着，刘秀又讨伐叛变的渔阳太守彭宠，重新平定了河北；讨伐军阀张步，平定了齐地。至此，北方已经基本统一，东汉帝国的雏形已经形成，只有西北的隗嚣和蜀地的公孙述还在负隅顽抗，成为统一全国最后的绊脚石。

隗嚣出身于陇右大族，年少的时候是州郡官吏，以知书通经而闻名。更始帝即位之后，他的叔父隗崔等计谋起兵，响应刘玄，隗嚣被推举为上将军，成了割据一方的军阀。更始二年（24 年），隗嚣就归顺了更始帝刘玄，当时算是与刘秀同列。刘秀即位之后，隗嚣也曾劝刘玄归降刘秀，但是没有成功。隗嚣表面上服从刘秀，还接受了邓禹的册封，担任西州大将军，但是他私下却与割据蜀地的公孙述暗通款曲，希望能够左右逢源，甚至三足鼎立。

建武六年（30 年）四月，刘秀下令伐蜀，命令隗嚣出兵。隗嚣寻找诸多借口就是不出兵。刘秀知道隗嚣不为己用，于是决定讨伐他。五月，隗嚣举兵造反，派将领伐木堵塞道路，与汉军作战，汉军诸将被打败。建武七年（31 年），公孙述封隗嚣为朔宁王，隗嚣接受了册封，这标志着他与东汉彻底决裂。

面对隗嚣的叛变，刘秀决定御驾亲征。建武八年（32 年）二月，汉军讨伐隗嚣。军锋指处，隗嚣十三员大将、十六个县、十余万人纷纷投降。

建武九年（33 年）春，被围困很久的隗嚣病饿交加，愤恨而死。他的部将拥立其少子隗纯。次年，汉军攻破城门，隗纯投降，陇西隗氏的割据也宣告灭亡。

平定隗嚣之前，刘秀给大将岑彭等人的诏书上说："陇西平定，就可以马上率兵平定蜀地。人就是这样不知足，得到了陇，就想得到蜀地。每次发兵，头发胡子都白了很多。"

而此时，隗嚣已经平定，摆在光武帝刘秀面前的是最后一个割据势力——蜀地的公孙述。

有志者事竟成——东汉的建立

西汉末期到东汉是谶纬之说盛行的时期，那些装神弄鬼故弄玄虚的符命也经常成为野心家们牟取权力的工具。比如前面提到的投机分子哀章上的所谓铜匮金策加快了王莽篡汉的步伐；传说的国师刘秀（刘歆）弄出来的"刘秀发兵捕不道"的谶语后来成了南阳刘秀取得天下的预言，而国师刘秀却因为这句谶语被王莽指为谋反，被迫自杀。涿郡的张丰也迷信图谶，有个道士说他要当天子，还弄了一个五彩的锦囊包了一块石头拴在张丰手肘上，说石头里面是玉玺。张丰信以为真，起兵造反，把那个锦囊拴在胳膊肘上一刻也不拿下。后来他被刘秀的大将祭遵抓住，要被砍头的时候，张丰还无比认真地说："石头里面有玉玺。"旁人把石头砸破，里面什么也没有，这时候张丰才知道自己上当了。其他类似的千奇百怪的什么图谶符命祥瑞数不胜数，最后基本上都成了笑谈。不过有一个人的"祥瑞"却一直传到了现在，广为人知，因为这个"祥瑞"与一座城有关。这座城就是白帝城，这个人就是公孙述。

公孙述，字子阳，汉哀帝时因为父亲公孙仁做官而荫补为郎官。后来他父亲担任河南都尉，公孙述就担任清水县令。因为当时他还年轻，公孙仁就派一个手下跟他一起到任，意思是让手下指导下儿子。谁知一个月之后这个手下就回来了，告诉公孙仁说："公子不需要我的教导。"公孙述虽然年轻，但是对政事十分练达，因为他能力出众，后来太守让他同时担任五个县的县令，结果他把五个县都治理得井井有条，百姓敬畏他如神明。

王莽篡位后，把蜀郡改名为导江，把太守改名叫卒正，公孙述就担任导江卒正，即蜀郡太守。

更始帝即位后，公孙述也割据一方，打败了起事的农民军，自称辅汉将军、蜀郡太守、益州牧。此时天下大乱，公孙述的手下李熊进言说："现在天下大乱，将军割地千里，比汤武起家时的土地多出十倍，有实现霸业的机会，应该改名号，以此镇住百姓。"李熊的意思公孙述当然很清楚，但是他还是选择了稳妥行事，只是先自立为蜀王，以成都为都城。

此时中原陷入战火，蜀地相对比较安宁，西昌、云南一带的少数民族部落头领都来进贡，公孙述一时间有了万国来朝的感觉。李熊再次进言，劝说公孙述即皇帝位。皇帝谁都想当，但也不是每个人都敢当的。公孙述也很犹豫。有一天他梦见有人让他当皇帝，不过只能掌权十二年。醒来之后他对妻子说："虽然能贵为天子，但是国祚短促，怎么办？"他妻子说了一句非常有意思的话："朝闻道，夕死尚可，况十二乎！"《论语》里说："朝闻道，夕死可矣。"意思是早上得知大道，晚上死去也都值得了。这本来是形容人好学的，而公孙述的妻子却用这话来怂恿老公当皇帝，也算是活学活用了。有了老婆的鼓励，公孙述胆子大多了。据说当时还有龙在他府里出现，这当然是大大的祥瑞。但是据说帝王都是有异相的，汉高祖刘邦左股上就有七十二颗黑痣。为了向高祖看齐，公孙述忍着痛在手掌上刻了三个字"公孙帝"，表示自己是上天选中的。于是在建武元年（25年）四月，他自立为天子，国号成家，以白色为尊。前后两次劝进的李熊当然不能亏待，被封为大司徒。

公孙述为了防止外人从长江穿过三峡进攻蜀地，就在瞿塘峡口修建城池，最早这座城叫子阳城，是根据公孙述的字命名的。后来公孙述听说城里有一口井，经常有白气冒出，盘旋萦绕，形如白龙，公孙述借此自称"白帝"，于是就把这座城改名为"白帝城"，也就是两百年后刘备托孤的地方。趁着光武帝忙于消灭齐、河北和陇西割据势力无暇顾及之际，公孙述派军队占领了荆州地区，并想逐步扩展势力，问鼎中原。

隗嚣死后，隗纯被击败投降，陇西割据势力被消灭。光武帝马不停蹄，命令大将岑彭、吴汉率领的南路军攻打荆州地区的公孙述军队。经过苦战，荆州被攻克，蜀兵退守江州（今重庆巴南区）；与此同时，来歙、盖延率领的北路军击败蜀将王元、环安部队，攻破下辨（今甘肃成县西北）、河池（今甘肃徽县西）。见情势危急，环安派遣刺客刺杀来歙。来歙垂危之际，派人快马招来副将盖延。盖延见状，匍匐在地大哭。

来歙呵斥盖延说："虎牙将军你怎能这样？现在我被刺客暗算，无法报国，因此叫来你，是要把军事托付给你，你反而像小儿女一样哭哭啼啼！刀虽然还插在我身上，难道我就不能叫人来砍了你的头吗？！"

盖延听后强忍泪水站起，接受了来歙的嘱托。来歙又亲自写奏章告诉皇帝事情始末，并交代了军队后事，之后拔出刀，气绝身亡。

刘秀一直希望公孙述投降，多次写信给他，但是后者拒不投降。

建武十一年（35 年），岑彭留兵围困江州，亲率主力直指垫江（今重庆合川），攻破平曲（今重庆合川附近），随后千里转战，迂回岷江中游，突然出现在成都以南。公孙述大惊，说："汉军怎么这么神速！"

面临被围命运的公孙述故技重施，派遣刺客假装投降，在夜里刺杀了岑彭。刘秀知道后下令吴汉率领岑彭军队作战。

建武十二年（36 年），吴汉在鱼涪津（今四川乐山市北）击败蜀军，攻克广都（今成都城南），围困成都。刘秀告诫吴汉说："成都还有十余万敌军，不可轻敌。你要坚守广都，等敌人来攻击，不要主动出击。敌人不来，你就一步步扎营围困，要等敌人力尽才能攻击。"

但是吴汉轻敌，自己带着步骑兵两万进逼成都，在江北扎营，让副将刘尚带一万余人在江南扎营，两营相距二十多里。刘秀得到报告之后大惊，斥责吴汉："前面我教导你千条万端，为什么遇到事情你就如此混乱！你自己轻敌冒进，又和刘尚分开，遇到紧急情况，敌人派兵牵制你，再派大军攻击刘尚，刘尚被击破你也兵败无疑！趁着还没出事，马上带兵回广都！"

诏书还没到，公孙述果然派大兵攻打吴汉，又派兵牵制刘尚。吴汉大败，逃回营垒，蜀军将他重重围困。

汉军危在旦夕，吴汉召集将士激励他们说："现在形势危急，我计划偷偷渡江与刘尚会合，合兵抵御敌军。如果能齐心协力，大功可立；如若不然，我们必然失败。成败之机，在此一举。"

于是吴汉厉兵秣马，三天不出兵。之后在营中多竖立旗帜，保持烟火不绝，全军趁夜渡江，与刘尚合军。第二天与蜀军大战，大败蜀军。十月，汉将臧宫也攻克郫县，与吴汉会师。

眼看末日将至，公孙述决定进行最后一击。他散尽家财，招募敢死队，派出奇兵绕到吴汉军队背后偷袭。汉军大败，吴汉战斗中落水，拖着马尾巴才侥幸逃生。

此时汉军只剩下七天的粮食，又经过这场大败，吴汉准备撤军，已经在准备船只了。蜀郡太守南阳张堪听说之后，飞马面见吴汉，告诉他蜀军必败，不能退兵，吴汉听从了建议。

建武十二年十一月，吴汉与公孙述进行了最后的决战。吴汉先故意示弱，引诱蜀军大举攻击。双方从早晨战到中午，蜀军又累又饿，此时吴汉命令手下率领精兵突击，蜀兵大乱。护军高午在阵中望见公孙述，纵马挺枪直刺，公孙述胸口被洞穿，掉下马来，当晚就死了。

第二天，公孙述手下将领出城投降吴汉。至此，割据蜀地的公孙述政权宣告灭亡。

耿弇打败张步的时候，刘秀曾经称赞他："有志者事竟成。"几年之后，这话对刘秀也同样适用。经过十四年的战争，刘秀带着他的手下终于推翻了王莽，消灭了各地割据势力，重新统一了中国，建立了东汉王朝。

唐阎立本《历代帝王图卷》（宋杨褒摹，波士顿美术博物馆藏）

百战百胜
——云台二十八将之耿弇

东汉光武帝刘秀去世后，太子刘庄即位，是为汉明帝。永平年间，汉明帝命人绘制当年追随其父皇打下江山的二十八位功臣的画像，展示在洛阳南宫的云台，这就是所谓的"云台二十八将"，包括邓禹、冯异、寇恂、贾复、祭遵、盖延、吴汉等。二十八将每个都功勋卓著，为东汉的建立立下了汗马功劳。而在他们中间，一位百战百胜的年轻将军十分引人注目，他就是建威大将军、好畤侯耿弇。

识时务者为俊杰

耿弇像

耿弇，字伯昭，扶风茂陵人。父亲叫耿况，为人侠气，曾经担任郎官。王莽时把上谷改名为朔调，太守改称连率，后来耿况就担任朔调连率。

上谷地接北方边境，因此很注重武备。耿弇年少的时候就经常看见郡里训练骑士，行军布阵骑马射箭，因此对军事产生了浓厚的兴趣。

王莽败亡之后，耿况因为自己本是王莽手下，内心恐惧，就派二十一岁的耿弇带着礼物去拜见更始帝刘玄，希望能够自保。耿弇带着随从走到宋子，听说王郎已经自立为帝，他的手下孙仓、卫包于是改投王郎。耿弇阻止不了，他听说更始帝的大司马刘秀在卢奴，于是就前去拜见。

当时王郎占据河北，势力很大，出重金悬赏捉拿刘秀，而刘秀此时几乎是光杆司令，根本无法与王郎抗衡，多次产生卷铺盖回家的念头。耿弇知道之后，力劝刘秀留下，并自告奋勇去说服父亲耿况和渔阳太守彭宠出兵相助。刘秀的手下都不相信这个小青年，刘秀却高兴地指着耿弇说："这就是我的北道主人。"（详见前章《中兴之君，定鼎帝王——刘秀的崛起》）

后来蓟中之乱，耿弇与刘秀一行失散。他回到父亲那里，果真说服了父亲依附刘秀，并派寇恂联合渔阳太守彭宠，各派出突骑两千、步兵千人，一路向南进发。所过之处斩杀王郎大将、九卿、校尉以下四百多人，缴获印绶一百二十五个、符节两个，杀敌三万余，平定涿郡、中山、巨鹿、清河等二十二县，声势浩大，来到了广阿城下。刘秀当时正在城中，听说一支强大的部队突然杀来，大家都以为是王郎的军队，心怀恐惧，谁知道等部队来到面前才发现带队的竟然就是那个曾经大家都看不起的青年耿弇！刘秀大喜。在耿弇的帮助下，刘秀很快消灭了王郎，平定了河北，终于有了问鼎天下的基业。

刘秀平定河北之后，更始帝害怕刘秀势力扩大，于是要刘秀解散军队，回洛阳受封。刘秀一时无所适从，又是耿弇在此时冒死力劝刘秀自立，使刘秀走出了迈向皇帝宝座的第一步。

刘秀拜耿弇为大将军，与吴汉征发幽州十郡兵马，斩杀了更始帝派来的苗曾、韦顺、蔡充，开始扫平铜马、高湖、大枪等农民军。耿弇经

常率领精锐骑兵作为前锋，冲锋陷阵，所向披靡。

算无遗策，用兵如神

公元 25 年，刘秀宣布即皇帝位，封耿弇为建威大将军，第二年又封为好畤侯。此时原渔阳太守反叛，自称燕王，齐地也被军阀张步占据。耿弇自请讨伐彭宠和张步，刘秀十分赞赏，并在建武四年（28 年）下诏命耿弇出兵。耿弇想到彭宠是父亲耿况以前的同僚，自己兄弟又没有在京师的，害怕得不到皇帝的信任，不敢独自出兵，请求先来洛阳拜见皇帝。刘秀看穿了耿弇的心思，下诏说："将军整个宗族都为国效力，所向无敌，功勋卓著，何必有猜疑？"

耿况听说之后，也觉得内心不安，就把耿弇的弟弟耿国派到洛阳侍奉皇帝。耿弇与朱祐、王常等进兵攻击彭宠。建武五年（29 年），彭宠被家奴杀死，河北重新平定。

刘秀下诏命令耿弇讨伐张步，耿弇率领大军向东进发。张步听说后，派遣大将军费邑驻军历下，又分兵屯守祝阿，还在钟城布下重兵等待耿弇。耿弇到后，先派兵攻打祝阿，早上攻城，还没到中午就破城了。耿弇采用了"围其三面，放其一面"的打法，故意在包围圈上开了个口子，让敌人逃跑。这样祝阿的溃兵都跑到了钟城。这不但没有增加钟城敌人的战斗力，反而让钟城敌军因为祝阿被攻陷而更加恐惧，竟然齐城而逃。这样耿弇攻一座城却收得了两座城。

费邑首战失利，就派自己的弟弟费敢驻守巨里。耿弇进兵巨里，派人砍了很多树，说是要用来填满巨里的防御壕沟。过了几天，有投降的敌人交代，说费邑听说耿弇要攻打巨里，计划来援助守城。耿弇就火速命令军队马上建造攻城器械，说三天后就攻打巨里，同时暗地里放松看管，让俘虏逃回去报信。费邑得到俘虏密报，果然亲领三万精兵来救巨里。耿弇大喜，对诸将说："我之所以命令建造攻城器械，就是想引诱费邑来。现在他来了，正好是我想要的。"

他留下三千人围守巨里，自己带着主力部队在费邑必经之路的高地上设伏。费邑军队经过时，汉军冲下来发动攻击，大破敌军，费邑在战斗中被斩杀。耿弇命人把费邑的首级拿给巨里城里的守军看，费敢见兄长战死，肝胆俱裂，匆忙带兵逃走，剩下的如山的物资全部成了耿弇的战利品。

耿弇用经典的围点打援的战法，击败了张步的大将，平定了济南。此时张步定都剧县，派弟弟张蓝率领精兵两万守临淄西北的西安，其他郡的太守领万余人守临淄，两地相距四十里。耿弇带兵进驻两城之间。耿弇见西安城城小但是很坚固，张蓝士卒精锐，临淄虽然是大城但实际上容易攻打，就下令五天后攻打西安。张蓝听说之后，加紧防备。

到第四天晚上半夜，耿弇下令全军提前吃饭，天亮后攻打临淄城。诸将十分震惊，纷纷劝阻，认为应该先攻西安。耿弇说："不对。西安听说我们来攻，日夜加强守备；临淄则没有预料到我们会去攻打，一定会惊慌失措，我们一天内就可以攻下。攻下临淄，西安就被孤立，张蓝与张步隔绝，一定会带兵奔到张步那里，这样我攻下一座城就可以得到两座城。如果先攻西安，不能立即攻下，屯兵城下，死伤必然很多。即使能够攻克，张蓝带兵逃奔临淄，与张步合兵，闭门不出。我军孤军深入，粮草不继，十多天后我们就不战而困了。"

于是耿弇率兵攻打临淄，半天就攻克了，占据了城池。张蓝听说之后大恐，果然率兵逃奔剧县，跟耿弇事先的预料分毫不差。

耿弇把兵法中的围点打援、声东击西等战法几乎运用到了极致。张步虽然连战皆败，但是实力犹存。他大笑说："以前尤来、大彤的十余万军队来攻打我，我都即刻破敌。现在耿弇兵力比他们少，又远来疲劳，

有什么值得害怕的？"

　　张步带领三个弟弟张蓝、张弘、张寿和以前大彤农民军的首领重异率领主力部队，号称二十万众进军临淄大城东，与耿弇决战。耿弇先故意示弱，引诱敌军攻击，把精锐的突骑隐藏在小城里伺机出动，自己登上王宫废弃的高台观察战况。激战中，流矢射中耿弇大腿，他拔出佩刀截断箭杆继续指挥作战，手下人竟然都没发觉。

　　两军恶战到日暮，各自收兵回营。此时刘秀听说张步倾巢出动攻击耿弇，怕耿弇有失，亲自带兵来救。手下劝耿弇等皇帝到了之后再合兵攻击张步。耿弇说："皇上马上驾到，做臣子的应该杀牛摆酒招待皇帝和百官，怎能把没消灭的敌人留给皇帝陛下？"

　　次日，耿弇又率兵与敌军大战，从早上一直打到晚上，大破敌军，壕沟里堆满了敌人的尸体。之前耿弇已预先在左右翼设下伏兵。到了晚上，张步果然带兵撤退，此时伏兵发动，敌军大败，八九十里路上到处是敌军尸体。耿弇缴获辎重两千多辆，张步狼狈逃回剧县。

　　几天后，刘秀到临淄，君臣摆酒高会，刘秀对耿弇说：

　　"昔日韩信击破齐历下军队，现在将军攻下祝阿，都是在齐地西边的边界上，将军功勋足以与韩信相比。但是韩信是袭击已经投降的部队，将军是独自消灭劲敌，这可比韩信艰难多了……将军以前在南阳提出这个战略构想，大家都觉得太宏大难以实现，支持的人很少。现在看来，真是有志者事竟成啊！"

　　临淄之战，张步主力被歼灭，也意味着齐地被收复。至此，光武帝刘秀基本统一了中国北方，距离一统天下也只有咫尺之遥，这里面耿弇的功劳是巨大的。

　　耿弇为将，平定四十六个郡，攻克三百座城池，从来没有失败过，可谓百战百胜，名震天下。

建武十三年（37 年），刘秀下诏增加耿弇食邑。不久，耿弇辞去职务，归还大将军印绶，以列侯的身份参加朝廷会议。但是每次朝政意见不统一时，光武帝还是要召见耿弇，询问意见。

耿弇病逝于永平元年（58 年），时年五十六岁。他的后代很多也投身军旅，建功立业。从光武中兴一直到建安末年，耿家一共出了两个大将军、九个将军、十三个卿，三人娶了公主，还出了列侯十九人，中郎将、护羌校尉以及刺史一级的高官上百人。而在这些显贵后代中，最有名的是耿弇的侄儿耿恭。

将门无犬子

耿恭，字伯宗，是耿弇的弟弟耿广的儿子。耿广去世得早，耿恭年少时就成了孤儿。耿恭从小就性格豪迈慷慨，多谋略，有将帅之才。

永平十七年（74 年）骑都尉刘张攻打车师，耿恭担任他的司马。攻下车师后，朝廷设置了西域都护和戊己校尉。耿恭担任戊己校尉，带着数百人驻扎在金蒲城，另一位戊己校尉关宠驻扎在柳中城。

第二年三月，北匈奴单于派两万骑兵攻打车师，耿恭派司马带兵三百去营救，结果寡不敌众，全部战死。匈奴攻破车师，杀死车师后王安得，转而攻打耿恭驻扎的金蒲城。

面对数万敌军，耿恭没有惧怕，他带领手下登城防卫。为了恐吓敌军，他们事先在箭头上涂了毒药，对匈奴人说："这是汉家神箭，被射中一定会有异相。"

然后用强弩射击敌人。匈奴人中箭后，伤口都溃烂了，非常害怕。此时正好天降暴雨，耿恭率军趁雨攻击，杀伤不少敌军。匈奴人很害怕，于是撤军。

耿恭觉得金蒲城饮水困难，听说疏勒城附近有泉水，可以固守，于是在五月引兵占据了那里。七月，匈奴又大举进攻，耿恭招募了数千将士直冲敌阵，敌人吓得惊慌奔逃。

正面作战失利，匈奴决定困死耿恭军。他们重兵围困，并断绝了城里的水源。耿恭在城里掘地十五丈也没见到一滴水，士卒渴得厉害，甚至把马粪榨汁来喝。耿恭十分忧虑，仰天长叹说："当年贰师①将军李广利也曾遇到缺水的情况，他拔出佩刀刺山，山泉瞬间涌出。汉朝圣明，难道上天会让我走投无路吗？"

然后，他整理衣冠，两次向井下拜，井里居然很快就涌出了泉水，大家都高呼万岁。耿恭让将士们浇水给敌人看，匈奴见计策失败，只好又撤军。

但是在匈奴的重兵攻击之下，其他的汉兵运气就没那么好了。西域都护陈睦战死，军队全军覆没。另一个戊己校尉关宠也被重重围困。当时汉明帝刚刚去世，朝廷忙于大丧，根本没人管这些远在万里之外的汉军将士。这时车师又叛变汉朝归降匈奴，与匈奴军一起围攻耿恭。耿恭率军苦战，多次击退敌人。好在车师后王的夫人祖先是汉人，她同情耿恭，经常把敌人的军情偷偷告诉耿恭，还暗地里接济汉军粮饷。即便如此，几个月之后，汉军的粮食还是吃光了。耿恭和士兵们把铠甲和弓弩煮了，把上面的牛皮和牛筋作为食物。耿恭与士兵同甘共苦，没有一个手下有投降之心。但是处境愈加艰难，士兵死亡越来越多，到后来只剩下了几十个人。

单于知道耿恭军队陷入困境，派遣使者来招降，对耿恭说："你如果

---

① 贰师：汉时西域大宛国地名。汉武帝曾派李广利征讨大宛，到贰师城夺取良马，所以以此为号。

投降，就封你为白屋王，还赐女人给你为妻。"

耿恭亲手杀死了使者，还在城上炙烤使者的尸体。单于大怒，增兵围攻耿恭，但是无法攻下。

此前，另一位戊己校尉关宠派人回朝求援，当时汉章帝刚刚即位，召集公卿商议此事。司空第五伦认为不应该援救。司徒鲍昱说："现在汉军处在危难境地，如果朝廷把他们抛弃了，对外助长了蛮夷的嚣张气焰，对内则伤了为国牺牲的忠臣的心。假如以后再无边患也就罢了，如果匈奴再次进犯边境，陛下还有什么人能够派遣？再说了，两支部队兵马各自只有几十人，匈奴围困他们长期无法攻下，这是他们以寡敌众誓死奋战的结果。可以命令敦煌、酒泉太守各自带领两千精锐骑兵，多竖旗帜，倍道兼行，紧急赶赴援救。匈奴久战疲劳，一定不敢与我军争锋，四十天时间，足以营救汉军入塞。"

汉章帝听从了鲍昱的建议，派遣秦彭和内侍王蒙为将，率领七千余人驰援耿恭。此时关宠已经战死，王蒙等听说之后就想撤兵。此前耿恭派手下范羌到敦煌领取士兵的寒衣，这次范羌也随军一起赶往援救。听说大军想撤回，范羌坚持请求援救耿恭，但是诸将都不敢前行。于是王蒙等分兵两千给范羌，让他自己去援救耿恭。路上突遇大雪，雪深一丈多，范羌带着士兵排除万难终于赶到城下。城内士兵听到响动，以为匈奴又来攻击，都做好了死的准备。范羌在城下大呼："我是范羌，朝廷派我来迎接大家！"城门开了，死里逃生的将士相拥而泣。

第二天，范羌带兵和耿恭余众一起撤退，匈奴人不甘心，派出追兵，汉军且战且退，又损失了一些人马。从疏勒城出发的时候，耿恭还有二十六人，等到了玉门关，只剩了十三人，全部形容枯槁，衣衫褴褛，鞋底都破洞了。

第三天，中郎将郑众让将士们沐浴换衣服，并上书皇帝说："耿恭带着很少的士兵固守孤城，承受匈奴重兵攻击，面对数万敌人，连月逾年，身心交困。他们开山凿井，煮弓弩作为食物，人人誓死报国，根本没有怀生的希望。前后杀伤敌人成百数千人，最终保全了忠勇之心，没有给大汉丢脸。耿恭的节义古今无双，应该授予高爵显位，用以激励将帅。"

司徒鲍昱也上书说耿恭的气节超过了苏武，应该受到赏赐。于是耿恭被拜为骑都尉，其他将士也受到赏赐。

耿恭的事迹传扬后世，受到无数人赞扬。范晔[1] 说："我最初读《苏武传》，被他吃毛毡，牧羊北海，不为大汉耻的气节而感动；后来读到耿恭在疏勒的事迹，长叹之下，泪流满面。唉！义重于生，可以到这种地步啊！"

———————

[1]　范晔（398—445）：南朝宋时期著名史学家、文学家，《后汉书》作者。

大树将军
——云台二十八将之冯异

豆粥麦饭之恩

冯异，字公孙，颍川父城人。他不像当时的一些农民军将领一样是底层出身，没有文化，而是从小好读书，精通《左氏春秋》和《孙子兵法》，后来成为郡里的属官。

汉兵起事反叛王莽，冯异作为官员，与父城县令苗萌一起守城，替王莽抵挡汉军。刘秀带军攻打父城，打不下来，就在巾车乡驻扎。冯异出来巡视诸县，不小心被汉兵抓住了。当时冯异的堂兄冯孝以及几个同乡都在刘秀帐下，一起推荐冯异，刘秀就赦免了冯异，并召见了他。冯异十分感激，对刘秀说："我一个人为您效力，不足以影响大局。我老母还在城里，我可以为您占据五座城池，以立功来报答您的恩德。"

冯异像

刘秀同意了。冯异回城之后对苗萌说："现在起事的将领大多是农民出身，为人横暴。只有刘将军所到之处没有抢掠，我

观察他的言行举止，不是个庸人，我们可以归依他。"

苗萌很信任冯异，说："死生同命，我听从你的计策。"

此时刘秀已经带兵回宛城，更始帝派诸将前后十余批攻打父城，冯异都坚守不下。后来刘秀被任命为司隶校尉，经过父城，冯异和苗萌马上打开城门奉上牛和酒迎接。刘秀十分高兴，任命冯异为主簿。

不久刘秀的哥哥刘縯被杀，刘秀急切地想离开洛阳避祸，恰好此时需要人去平定河北，更始帝有意派遣刘秀，但是遭到李轶等大臣的反对，刘秀一时间无计可施。冯异给刘秀献计说：左丞相曹竟的儿子曹诩担任尚书，父子俩都是更始帝的红人，如果能博得他们父子的欢心，让他们劝说更始帝，那么就能够脱身了。刘秀听从冯异的计策，果然在曹诩的劝说下，更始帝同意派遣刘秀去收复河北。

虽然哥哥被杀，但是刘秀不敢在外人面前露出悲哀的样子，依旧谈笑自若，饮酒吃肉，只是独居时就不吃肉喝酒，且经常独自哭泣。冯异知道了，就叩头宽慰刘秀。刘秀怕生祸端，急忙制止他说："你别乱说话！"

冯异说："天下人都憎恨王莽，思念大汉已经很久了。现在更始帝诸将暴虐无度，到处掳掠，百姓失望，没有归依之人。主公现在专任一方，正好对百姓施行恩德。世上有桀纣那样的凶暴，才见得汤武仁义的可贵。人饥渴久了，很容易满足。应该马上派出官员，巡视各县，审理冤案，施布恩泽。"

这是第一次有人劝说刘秀应该想到施恩百姓，自立为王。刘秀十分认同，按照冯异说的去做了。

后来王郎自立为帝，悬赏捉拿刘秀。刘秀一行从蓟县逃出，风餐露宿，狼狈不堪。到饶阳无蒌亭，当时正值隆冬，大家都又冷又饿又累，冯异给刘秀端上了豆粥。次日刘秀对诸将说："昨天得到公孙的豆粥，饥寒都解除了。"

众人到达南宫①，突然风雨大作，一行人在道旁空屋中避雨。冯异找来柴火，邓禹点火，刘秀对着火烤衣服。冯异又端来麦饭和菟肩②给刘秀吃。就这样众人度过了最艰难的时期。冯异和其他部将辅佐刘秀最终平定了王郎，冯异先是被封为偏将军，后来又被封为应侯。

君子藏器于身

冯异虽然深得刘秀信任，但是他为人十分低调，从来不炫耀自己的功劳。他出行时与其他将领相逢，一定会叫人把车驾到路边让路，就像蔺相如对待廉颇一样。每次军队驻扎，其他将领都高谈阔论，炫耀自己的功劳，只有冯异一个人坐在大树下一言不发。因此军中给他起了个外号"大树将军"。攻克邯郸之后，刘秀需要重新分配军队，询问军士们希望跟着谁，结果大家都说愿意跟着"大树将军"。刘秀对此也颇为欣赏。

刘秀与更始帝决裂后，更始帝派遣李轶、朱鲔等将率领重兵守洛阳。李轶本来是最早与刘秀举事的人之一，后来投靠更始帝，刘縯被杀他是有份的。冯异给李轶写信，给他指明形势，让他不要再为更始帝卖命。李轶因为参与杀害刘縯的阴谋，所以内心有顾忌，但是自从跟冯异通信之后，李轶就避而不与冯异军队作战。冯异因此能够从容地攻城略地，收服十余万降军。朱鲔知道之后大怒，派人刺杀了李轶。更始诸将从此也开始互相怀疑，分崩离析。

刘秀势力迅速强大，诸将都劝他马上即位称帝。刘秀心里还有疑虑，于是召冯异征求意见。冯异说："现在天下大乱，更始帝败亡，天下无主。

① 南宫：县名。
② 菟肩：植物名，属葵类，可食用。

维系宗庙的希望就在大王身上。应该听从众人的意见，上为了社稷，下为了百姓。"

刘秀说："昨晚我梦见乘着赤龙上天，醒来之后还有些心悸。"

冯异马上叩拜说这是天命让刘秀当皇帝。刘秀终于下定决心称帝。

披荆斩棘平关中

建武二年（26年），冯异被封为阳夏侯。当时赤眉军占据长安，烧杀抢掠。刘秀派邓禹去讨伐，却连战连败。刘秀决定派冯异率领大军攻打赤眉。刘秀送冯异到河南，赐给他皇帝用的七尺剑，告诫说："长安遭遇王莽、更始帝的大乱，又加上赤眉、延岑叛军的蹂躏，生灵涂炭，求告无门。现在派你去讨伐，目的不是攻城略地，关键在于安定百姓。诸将勇敢是勇敢，但是大多喜欢掳掠，你本来就善于统御将士，一定要严明军纪，不要给百姓带来苦难。"

冯异领命进攻赤眉，六十多天打了十多仗，取得了一些胜利。建武三年（27年）春，皇帝下诏拜冯异为征西大将军。正好邓禹和车骑将军邓弘带兵回朝，遇上冯异。邓禹打了几次败仗，心里不平，便邀约冯异一起攻打赤眉。冯异认为敌人力量仍然很大，不能轻敌。但是邓禹不从，一定要出兵。邓弘与赤眉大战一天，赤眉军诈败，丢弃辎重逃跑。其实车上全部装着土，只是上面覆盖了一层豆。汉军很饥饿，争着抢豆吃，赤眉军杀了个回马枪，邓弘大败。冯异和邓禹合兵救邓弘，赤眉军才撤退。冯异认为敌人力量还很大，应该让士卒休息一下，但是邓禹不听，再次作战，又一次大败。邓禹单枪匹马跑回宜阳，冯异也丢弃了马，跟手下几个人逃回营寨。

冯异回营之后，收拢散兵，又集中了数万人，跟赤眉军约定日期再战。这次冯异派出精兵穿上赤眉军服装埋伏在路两侧。战斗开始时，冯异故意示弱，赤眉军全军出击，冯异纵兵大战。到了黄昏，赤眉军显露疲态，冯异指挥伏兵突击，赤眉军不辨敌我，阵势大乱。冯异乘胜追击，大败赤眉，招降男女八万人。这就是著名的崤底之战。

崤底之战击溃了赤眉军的主力，对刘秀统一全国具有重要意义。这一战冯异先败后胜，战后刘秀下诏褒奖说："……可谓失之东隅，收之桑榆。① "

建武六年（30 年），冯异来到京城。刘秀对公卿大臣说："这是我刚起兵时候的主簿，为我披荆斩棘，平定了关中。"成语"披荆斩棘"也就由此而来。

之后光武帝又派中黄门② 赐给冯异许多珍宝、衣服和钱帛，说："在我最艰难的时候，无蒌亭的豆粥，滹沱河的麦饭，你的深情厚谊我一直都没有回报。"

冯异下拜回答："我听说管仲曾经对齐桓公说：'愿大王不要忘记射钩之罪，我也不会忘槛车之耻。'齐国就是依靠这种君臣间的信任关系才壮大起来。我希望陛下不要忘记河北的艰难，小臣我也不会忘记巾车乡被陛下赦免的恩德。"

之后刘秀多次召见冯异，商量平定陇西和蜀地的战略规划。

居功不傲谦君子

就在这一年夏天，刘秀的军队在上陇被隗嚣打败，皇帝下诏让冯异

---

① 失之东隅，收之桑榆：意思是虽然没有看到早上东方的朝阳，却在黄昏桑榆间看到了夕照。后来这个成语也经常用来这个时候失败了，另一个时候得到了补偿。

② 中黄门：汉朝宦官官名。

前去救援。冯异还没到，隗嚣的将领王元、行巡率两万余人前来攻击。冯异手下的诸将都说："敌人声势浩大，而且刚刚取得胜利，我们应该在合适的地方驻军，慢慢思考退敌之策。"

冯异却说："敌人攻击我们，得了点小利就想深入。如果让他们进军，长安就会动摇，这是我最忧虑的。兵法说'攻者不足，守者有余'，我们占据城池，以逸待劳，并不是与他们相争。"

冯异带兵潜行占据城池，偃旗息鼓。行巡不知道城池已经被占据，急行军赶来抢地盘。冯异出其不意，率领大军冲出城门攻击，行巡军队大败。此时祭遵也击退了王元军。看到汉军胜利，北地的豪强耿定等人都背叛隗嚣投降了。冯异上书汇报战况，还是和以前一样不夸耀自己的功劳。其他将领就想分冯异的功，皇帝知道之后大为不快，给诸将下诏说："敌人进攻，长安危在旦夕。北地的营寨都按兵不动，在一旁观望。而一座偏城却得以保全，使敌人遭受重大挫折，也让耿定这样的人归顺朝廷，征西将军冯异功劳像山一样巨大，却不愿炫耀自己。春秋战国时鲁国与齐国作战，鲁国军队大败，大夫孟之反毅然殿后，保住全军，功劳最大，但是将进入国门的时候孟之反却走在后面，他不肯承认是自己谦虚，推说是自己马不好，走得慢。现在冯异的谦虚难道不是跟孟之反一样吗？"

同时光武帝下诏派大臣慰问冯异军队，并让冯异兼任北地太守。

冯异率军先后击败了贾览、匈奴薁鞬日逐王的军队。建武九年（33年）春天，祭遵去世，光武帝下诏冯异代理征虏将军，率领祭遵的军队。在冯异军队的猛攻之下，隗嚣当年愤恨而死。虽然手下拥立他的儿子隗纯，但是陇西的平定基本已成定局。

可惜冯异没有看到最后的胜利。

建武十年（34年），冯异率兵攻打落门，还没能攻下，冯异就在军中发病去世，刘秀赐谥号为节侯。

马革裹尸
——名将马援

良禽择木栖

前面说过，云台二十八将都是辅佐刘秀建立东汉，立下赫赫功勋的人物。可是有一个人，其功劳不在其他将领之下，却未被列入，这是什么原因呢？他又是谁呢？

这个人就是东汉名将马援。

马援，字文渊，扶风茂陵人。他家祖先是赵奢，就是长平之战里那个纸上谈兵的赵括的父亲。赵奢是赵国名将，号马服君，他的后代就把马作为姓了。

马援十二岁的时候父亲去世。他小小年纪就有大志，兄长们都很惊奇。年少的时候他学习《诗经》，不喜欢死记硬背，而是关注主要思想。两百年后的诸葛亮读书也是如此，史料记载说其"独观其大略"。因为他不想拘泥于章句之间，就辞别兄长马况，想到边郡去耕作放牛。哥哥马况很

马援像

看好他，对他说："你是大才，只是晚一些才会取得成就。"

后来马况去世了，马援为兄长守了一年的孝，从不离开兄长的坟墓。他尊重侍奉嫂子，不整肃好衣冠不进家门。

王莽时期，马援担任郡督邮。有一次押解一个囚犯，囚犯犯的是重罪，到地方就要被处死。马援十分怜悯这个囚犯，把他给放了。当然官也不能当了，马援就亡命北方。后来朝廷大赦，他也没有回来，就在当地放牧。因为他的名气很大，很多人来依附他，不久竟然就聚集了几百户人家。他带领这些人，游牧于陇汉之间，但胸中之志未减，常常对宾客说："大丈夫在世，穷当益坚，老当益壮。"

东汉《山野放牧图》（内蒙古鄂托克旗凤凰山1号墓）

六百多年后，初唐四杰之一的王勃在《滕王阁序》里就化用了马援的这句话："老当益壮，宁移白首之心；穷且益坚，不坠青云之志。"

由于马援经营得法，很快就拥有了数千头牲畜、数万斛粮食。他说："但凡财产，贵在能够用来施舍赈济，否则人就成为守财奴了。"

因此他把财产全部散给兄弟故旧，自己穿着羊皮衣裤，怡然自得。

王莽末年，四方义军起事。王莽的堂弟王林招贤纳士，向王莽推荐了马援。王莽让马援担任新成大尹，也就是汉中太守。王莽被杀后，这官显然也不能做了，马援于是投奔隗嚣。隗嚣十分敬重马援，拜他为绥德将军，遇到大事都与马援商议。

当时公孙述割据蜀中，隗嚣就派马援去探听情况。公孙述与马援本来是同乡，以前关系很好。马援以为此去公孙述一定会握手言欢，开心叙旧。谁知道去了之后，公孙述摆出皇帝的架势，卫士如云，警卫森严。他让手下请马援进去，接受了马援的叩拜就让他回客馆了。之后又派人给马援做新的衣服、帽子，然后在宗庙中聚集百官，专门设了一个旧交的位置。公孙述卫士开道，随从拥护，排场极大地进来。之后说要给马援封侯，授予大将军之位，一副君恩深重的样子。

马援的随从都觉得受到了礼遇，想留下。马援说："天下雌雄还没定，公孙述不是握发吐哺一路小跑来迎接国士，一起图谋大事，而是装模作样，就像人偶一样。这样的人怎么能够留住天下的人才呢？"

回去之后，马援告诉隗嚣："公孙述不过是井底之蛙，却妄自尊大。您不如投向东方的刘秀。"

建武四年（28年），隗嚣派马援出使洛阳，拜见刘秀。刘秀在宣德殿召见马援。刘秀没有安排大量卫士，也没有穿龙袍戴皇冠，只是穿着一般的衣服与马援相见，于是就有了下面这段有趣的对话。

刘秀说："你在两个皇帝（公孙述与刘秀）之间游走，现在我才看到你，有些让我惭愧啊！"

马援说："当今之世，不仅君选择臣，臣也要选择君。臣与公孙述同乡，少年时是好友，臣去见他，他在台阶下安排大量卫士之后才见我。现在臣远道而来，陛下怎么知道臣不是刺客奸人，这样随意地会见？"

刘秀大笑说："你不是刺客，你只是说客罢了。"

马援钦佩地说："现在天下大乱，盗名欺世的不可胜数。现在看到陛下恢宏大度，就像高祖一样，才知道自有真正的天子。"

刘秀对马援也十分欣赏。之后带着他南巡，回来之后任命他为待诏。之后又派来歙持节送马援回陇右。

马援回去之后，隗嚣询问他对刘秀的感受。马援说："陛下的才华、勇敢和谋略不是别人能够超越的。而且他开诚布公，没有隐瞒，豁达有大节，很像高祖。他学问也很深，无论是政事还是学术都前世无双。"

隗嚣问："你觉得他跟高祖比如何？"

马援回答："不如高祖。高祖为人随意，无所不为。陛下喜欢政事，举动都有节度，又不喜欢喝酒。"

隗嚣听了心里很不舒服："照你这样说，岂不是胜过高祖了？"

话虽如此，但是隗嚣十分信任马援，所以还是派马援护送自己的长子隗恂到洛阳当人质，表示对刘秀的忠诚。从此马援就留在了洛阳。

马革裹尸还

后来隗嚣对汉朝有了二心，企图反叛，马援多次以书信劝诫隗嚣。隗嚣认为马援背叛自己，十分愤怒。之后隗嚣派兵与汉军作战，正式造反。马援上书光武帝表明心迹，并且请求参与剿灭隗嚣的战事。光武帝对马援十分信任，让他率领五千突骑，往来游说隗嚣的将领高峻、任禹等，并拉拢羌族头领，分化瓦解隗嚣的势力。按照刘秀的命令，马援给隗嚣部将杨广写信劝降，但是没有得到回应。

建武八年（32年），光武帝刘秀决定讨伐隗嚣，军队驻扎在漆县。诸将大多认为汉军不应该深入敌境冒险，刘秀也迟迟下不了决心。这时候马援应召于晚上到达，刘秀十分高兴，将他引入，把大家的疑虑告诉他。马援认为隗嚣的手下已经有土崩瓦解的趋势，此时进兵一定能够取得胜利。然后他用米在桌上堆出高山河谷的地形，指点江山，明示众军进军路线、作战方略，众人恍然大悟。这可能是世界上最早的战争沙场推演，此后这一招基本上成了所有将帅的必修课。以后我们在电影上看见中外将帅们对着沙盘运筹帷幄的时候，千万不要忘了它的发明者就是马援。

刘秀看了马援的沙盘推演后大喜，说："敌人已经在我眼中了。"

于是，刘秀马上布置进军，很快将部队推进到了高平第一城，隗嚣军队纷纷溃败。

建武九年（33 年），马援被拜为太中大夫，作为来歙的副手镇守凉州。当时西边羌族多次入侵，来歙上书朝廷，认为非马援不能平定羌乱。建武十一年（35 年），朝廷下诏拜马援为陇西太守，率步骑兵三千人平定羌乱。马援在兵力十分有限的情况下巧用谋略，奋勇作战，击破羌族数万军队。在马援的努力下，羌族被迫远遁，陇右得到了安宁。

马援为东汉立功无数，其中非常大的一个功劳就是平定交趾（今越南）。

当时交趾女子徵侧和妹妹徵贰聚众造反，周围的城池都响应她们，五岭以南六十多座城池都被占领，徵侧自立为王。光武帝拜马援为伏波将军，率领大军讨伐。建武十八年（42 年），汉军在浪泊与敌军决战，大破敌军，斩首数千。次年，马援追击并斩杀了徵侧、徵贰，招降万余人。

之后，马援又率大小楼船两千多艘，战士两万余人，追击徵侧的余党都羊等，一直打到居风，杀敌五千多人，岭南全部平定。从岭南班师回朝才一个多月，匈奴、乌桓又入侵边境，马援又自请出兵。十余年间，马援率兵南征北战，所向无敌，为东汉立下了赫赫功勋。马援也被封为新息侯，食邑三千户。

马援征交趾回来的时候，很多故人都来祝贺。平陵一个叫孟冀的，据说足智多谋，也在祝贺的众人中。马援说："我指望你说对我有益的话，怎么你也跟众人一样。西汉的时候伏波将军路博德打败敌人，开辟七个郡，才得到几百户的封地；我现在只是一点小小的功劳，竟然得到大县的封地，功劳小而赏赐厚，怎么能够长久呢？先生有能够教导我的吗？"

以足智多谋闻名的孟冀这时却无法回答了。马援说："现在匈奴、乌桓入侵北边，我想自请出兵讨伐。男儿就应该死在边野，用马皮裹着尸体回来，怎么能够卧床上死在儿女面前呢？"这就是"马革裹尸"这个成语的出处。这个成语不仅成了马援命运的标志，也成了此后无数献身沙场、捐躯报国的人的共同目标。

马援的最后一战是征讨武陵的五溪蛮族。

此前武威将军刘尚率军征讨五溪蛮，因为孤军深入而全军覆没。马援主动请缨，当时他已经六十三岁了。刘秀觉得他太老，不愿派他去。马援说："臣还能披甲上马！"

皇帝让他试试，果然，马援如廉颇一样披甲上马，驰骋自如。刘秀都不由得笑道："这老头真是精神矍铄！"

于是派遣马援率领中郎将马武、耿舒、刘匡、孙永等举兵讨伐五溪蛮。马援出兵，再也没有回来，去世在行军的路上。

被诬陷的智者

马援虽说是个将军，却不是头脑简单的武夫，而是一个智者。

马援善于言谈，史书说他尤其善于讲述前代的故事，上自长安那些受尊敬的人，下至民间的年轻人的故事，都让人听得津津有味。从皇太子到诸王都喜欢听马援讲故事。作为将领，马援深通兵法。光武帝曾说：

"伏波将军马援谈军事，经常跟我想法一样。"

马援在战争中总能料敌如神。他在陇西的时候，邻县有报仇的，可能弄出了点动静，吏民以为是羌族人来攻打，城外的老百姓纷纷逃进城内避难。狄道县令火速拜见马援，请求关闭城门，发兵御敌。马援当时正在大宴宾客，大笑说："羌族人哪里还敢进犯我？告诉狄道县令回去守住官署，实在害怕了，就到床底下去躲躲。"

马援还有一个技能，就是善于相马。征伐交趾的时候，他缴获了敌人的铜鼓，将铜熔化后，铸成一个良马模型献给朝廷，详细列出了良马的特征，包括身体各部分尺寸等。这在以战马作为主要载具的古代是非常重要的。皇帝下诏把铜马模型放在宣德殿，作为良马的范式。

马援不但善于识马，更善于识人。

马援所铸的铜马模型

此前他的侄儿马严、马敦喜欢评论时政，喜欢跟侠士交往，当时马援还在交趾，就写信批评侄儿："我希望你们听到别人的过失如同听到父母名字一样，耳朵可以听，嘴巴却不能讲出来。喜欢议论别人长短、随意评论时政的人，是我最厌恶的。我宁死也不愿子孙有这样的毛病。龙伯高敦厚周密，谦虚节俭，清廉公正有威望，我敬重他，希望你们向他学习；杜季良轻侠好义，以别人的快乐为快乐，以别人的忧患为忧患，好人坏人都合得来，我敬重他，但是不愿你们向他学习。因为学习龙伯高不成功，还能成为谨慎忠厚的人，所谓画天鹅不成功可能会像鸭子；学杜季良不成功，则可能成为轻薄之徒，所谓画虎不成反类犬。"

谁知道这封信传出去之后，被杜季良的仇人知道了，他上书说杜季良为人轻薄，扰乱人心。还说伏波将军马援就把他作为反面例子来教育自己的侄儿。而皇帝的女婿梁松、窦固与杜季良交好，于是说他们几个都是轻薄之徒。皇帝大怒，把梁松、窦固召来责骂，还把马援的书信给他们看，两人叩头叩到流血才免除惩罚。从此梁松就跟马援结下了仇。

马援得罪梁松还因为另一件事。

有一次马援生病，梁松前来探望，在床前下拜，马援没有回拜。梁松走后，子侄们问："梁松是当今皇帝的女婿，朝廷的贵人，您为什么不回礼？"马援说："我是梁松父亲的朋友，他是晚辈。虽然他高贵，也不能失去辈分顺序啊！"

事实上马援对梁松和窦固是坦诚的。他受命征讨匈奴、乌桓的时候，皇帝下令百官为他送行。马援对梁松和窦固说："人能到高贵的位置，也应该能够回到低贱的位置。而你们却不想回到低贱的位置，拼命要保住自己的高位。你们好好思考一下我的话吧。"

果然，后来梁松因为骄横而遭遇祸患，窦固也差点遇祸。

马援的最后一战，也成为他被诬陷的导火索。

当时他率兵征讨五溪蛮，进军有两条路：一条路近但是艰险，另一条路远但是平坦。中郎将耿舒认为应该走后者，而马援认为应该走前者。后来敌人占据高地固守，水流湍急，汉军无法上岸，又加之天气炎热，很多士兵染病死去。耿舒心中不平，就给自己的哥哥好時侯耿弇写信告了马援一状，说进兵失利完全是马援的责任。耿弇把信交给光武帝，皇帝不快，就派人去前线责问马援，而派去的人正好就是一直仇恨马援的梁松。梁松到军队的时候，马援刚刚去世。死人不会说话，因此梁松就把马援大大诬陷了一番。

此前马援征交趾的时候，喜欢吃一种叫薏苡的果实，这种果实可以防止瘴气。南方薏苡果实很大，马援想用来做种子，班师回朝的时候，拉了一车回来。有人就说马援带回了一车金银财宝，因为当时马援正受宠，这些人不敢跟皇帝说，而此时马援已死，小人们就趁机告状。皇帝大怒，收回了马援的新息侯印绶。

马援家人不知道马援犯了什么错，十分惶恐。马援遗体运回之后都不敢葬在家族坟地，只能买了块地草草下葬，宾客故人也不敢来吊唁。马援家属用绳索捆住自己到皇宫谢罪，皇帝才把梁松的信拿出来给他们看，马援妻子这才知道原委，于是上书喊冤。前后六次上书，皇帝才同意重新安葬马援。

马援去世将近三十年后，汉章帝才为他平反昭雪，派五官中郎将持节追加册封，追谥他为忠成侯。

所以，汉明帝没有把马援列入云台二十八将，可能有先帝曾加罪于他这个原因。不过一般认为，马援未被列入，最大的原因是汉明帝的皇后就是马援的小女儿，这样做只是为了避嫌。

马援的这个小女儿，就是中国历史上非常有名的明德马皇后。

一代贤后
——马皇后

前车之鉴

中国习惯将妻子一方称为"外",所以有外公外婆外孙等叫法,而皇帝的妻子和母亲一边的亲戚被称为外戚。

西汉最著名的外戚大概就是吕后家族了。作为汉高祖刘邦的妻子,吕后的权力当然是很大的。刘邦去世之后,吕后成了皇太后,她的侄子们纷纷掌握大权,一时间差点提前将西汉送进坟墓。

吕氏之乱被平定后,周勃、灌婴等大臣认为吕后立的少帝并非孝惠帝的亲生儿子,于是把他废了。立谁为帝就成了问题。有人提出,齐王是高祖刘邦的儿子,年纪最大,可以迎立。有人指出,齐王倒是不错的人,但是他舅舅驷钧是个很凶险的人,立齐王相当于又立了一个吕氏。有人提议立淮南王,但是淮南王年纪太小,母家也很凶恶。最后大臣们提议迎立代王刘恒,因为刘恒为人仁慈宽厚,而且刘恒的母亲薄氏温和善良,不会再发生像吕氏那样的变乱。这个意见最后得到了大臣们的一致拥护,最后代王登上了皇位,这就是汉文帝。在这个事件中,迎立皇帝不是看谁年长,也不是看谁贤能,而是看谁的母家(妻家)仁厚!由此可见汉代对外戚专权的警惕。

汉武帝最初立刘据为太子，巫蛊之祸中，太子被江充陷害，被迫举兵造反，最后兵败自杀。此后武帝一直没有再立太子。

武帝晚年的时候，能够册立的皇子一共四人。其中燕王刘旦一直觊觎皇位，触怒了皇帝，被削除了三个县的封地，已经被踢出了名单；广陵王刘胥是个浪荡子，成天沉醉在酒宴游乐中，不堪为帝；昌邑王刘髆（bó）是储君的热门人选，他是李夫人之子，贰师将军李广利的外甥，李广利曾经和丞相刘屈氂（máo）合谋立刘髆为太子，事发之后刘屈氂被腰斩，李广利也投降了匈奴，而且后来李广利比汉武帝还先一年去世；剩下的人选只有钩弋夫人的儿子刘弗陵了。

汉武帝十分喜欢这个小儿子，认为他很像年轻时候的自己。但是当时刘弗陵年纪很小，汉武帝担心自己死后，大权会落在刘弗陵的母亲钩弋夫人手里，于是竟然下令杀掉了钩弋夫人。

《史记》里记载钩弋夫人被杀的情景让人心生怜悯。当时汉武帝赐给奉车都尉霍光一张周公抱着周成王接受诸侯朝拜的图画，于是左右大臣都知道武帝准备立刘弗陵为太子。几天之后武帝就无故斥责钩弋夫人，钩弋夫人褪下首饰连连叩头请罪，武帝命人将她拉走送入掖庭。钩弋夫人挣脱卫士又跑回来叩头求饶，汉武帝说："你今天是活不了了！"之后钩弋夫人死于云阳宫，使者连夜将她抬出去埋葬了。

周公辅周成王（汉像砖拓）

因为怕下一任皇帝的母亲专权，汉武帝竟然杀掉了无辜的钩弋夫人。这一方面可见汉武帝之残忍，另一方面可见当时人们对外戚专权的警惕。

西汉末年，最著名的外戚就是王莽了。他仗着超长待机的姑母太皇太后王政君的势力，从一个名不见经传的小人物迅速成为大汉政权的实际控制者，最后成了西汉的掘墓人。他的发迹让后代所有的皇帝都胆战心惊，生怕同样的戏码再次上演。整个西汉，前有吕后，后有王莽，让皇权对于外戚十分警惕。客观上也让一些外戚以史为鉴，避免重蹈覆辙。虽然东汉还是出现了梁松、窦固那样气焰嚣张的驸马，但是也出现了阴丽华那样谦虚谨慎、克制私欲的皇后。而东汉名声最大、最受人赞誉的皇后就是汉明帝的明德马皇后了。

蕙质兰心

马皇后是马援的小女儿，史书中没有记载她的名字。马援在征讨五溪蛮时去世，那时候马皇后还很小。哥哥马客卿很聪明但是也夭折了，这对马皇后的母亲蔺夫人打击很大，由于悲伤过度，蔺夫人经常神志不清。当时马皇后才十一岁，打理家务、统御仆人等事情就落在了她的肩膀上。而这个十一岁的女孩表现出惊人的成熟，把一切处置得井井有条。开始亲戚们还不知道内情，后来听说后，都十分惊叹。

马皇后曾经病了很久，蔺夫人就把占卜的请来问病，占卜的说："你这个女儿虽然现在生着病但是以后会大贵。"

蔺夫人心里犹疑，就叫来看相的，看相的一见马皇后大惊："我以后必然会向这个女孩称臣。但是她富贵却没有孩子，如果能够尽力养育别人的孩子，会比养自己的孩子还好。"

马援在征战中去世，此前他得罪过的梁松和窦固趁机诬陷他，一时间墙倒众人推，曾经烜赫一时的马家陷入困境，经常被权贵欺辱。此前马皇后跟窦家有婚约，马皇后的堂哥马严无法忍受欺辱，取消了婚约，上书朝廷，愿意把几个妹妹送进后宫。就这样，年仅十四岁的马皇后被选入太子宫。

马皇后进入太子宫之后，谦虚谨慎，待人有礼，特别尊敬光武帝当时的皇后阴丽华，对太子的其他妃嫔，马皇后也是以诚相待，没有上演群众喜闻乐见的宫斗剧，所以深得大家欢心，也很受太子宠爱。

光武帝去世之后，太子即位，是为汉明帝，马皇后被封为贵人。当时她同父异母的姐姐的女儿贾氏也被选入宫，生下了皇子。因为马皇后没有儿子，明帝就让她抚养这个孩子，说："人不一定要自己生儿子，只要抚养他人的孩子也尽心爱护。"

马皇后尽心抚养这个孩子，比抚养自己的孩子还操劳，孩子也对马皇后十分依恋，虽不是亲生，但是他们比亲生母子还亲密。这个孩子就是后来即位的汉章帝。

汉明帝永平三年（60年），大臣上书请求册立皇后。皇帝还没发表意见，当时已是太后的阴丽华说："马贵人德冠后宫，就是她了。"

被立为皇后之后，马皇后依然喜欢学习，谦虚谨慎，恭谨节俭，不放纵游乐。她精研《易经》，喜欢读《春秋》《楚辞》，尤其喜欢《周礼》和董仲舒的书。她生活十分简朴，经常穿着普通的衣服，衣裙也没有镶边。初一、十五后宫女眷来朝拜，远远看见皇后衣服飘逸潇洒，以为是什么贵重布料，走近看才知道是普通衣服，忍不住失笑。马皇后解释说："这种布料容易染色，所以就穿了。"明帝有一次去离宫游玩，让很多贵人妃子随从，有人请求叫皇后一起来，皇帝笑着说："她呀，不喜欢游乐，来了也不会开心的。"

母仪天下

明帝去世之后，汉章帝即位，马皇后成了皇太后。根据礼制，明帝以前的妃嫔都要搬到南宫居住。对这些昔日的"竞争对手"，马皇后不是巴不得她们早点滚蛋，而是感慨大家姐妹一场，于是下令赐给每个贵人象征国家最高荣誉的红色绶带，并赐给车马，每人白越（越地产的白绸）三千匹、杂色布两千匹、黄金十斤，还告诉她们说："以后大家没事经常来看看我，多走动走动。"让大家很感动。

马皇后深受赞誉的一个原因是她面对权力诱惑时的清醒，这一点使她远超于吕后、王政君等。

建初元年（76年），汉章帝想照例封自己的舅舅们为侯，马皇后阻止了。次年天下大旱，有人说是因为没有给外戚封侯的缘故，于是上奏说应该按照以前的礼制加封外戚。马皇后下了一道诏书，说："这些上书的都是想讨好我来取得好处。以前王氏五人同一天封侯，当时黄雾四处弥漫，也没有听说什么天降大雨的祥瑞。再如前朝田蚡、窦婴等外戚宠贵专横，最后家族灭亡，都是被世人流传的前车之鉴。所以先帝特别注意不让外戚专权，不让他们处在重要的位置。先帝的皇子们接受的封地只有楚王、淮阳王的一半，先帝说：'我的儿子怎么能跟先帝的儿子待遇一样！'现在你们这些官员怎么能把我和太皇太后阴氏相比？我身为天下人之母，经常穿着简朴的衣服，饭食也但求适口而已，我左右的人也穿着帛制的衣服，没有使用熏香之类的东西，就是想能以自己作为大家的榜样。我以为其他亲属见了，一定会羞愧然后自我约束，但是他们竟然只是笑我，以为我天性就喜欢简朴。前几天我回娘家经过娘家住地濯龙门前，看见来问安的外戚们，车如流水，马如游龙，奴仆都穿着十分鲜丽的衣服。回头看我的手下，比他们差远了。我故意没有当场斥责发怒，只是断绝了他们一年的用度以示惩戒，想他们自己内心检讨，对此感到羞愧。可是他们还是如此懈怠，没有忧国忘家的想法。最了解臣子的莫过于皇帝，何况是亲属呢？我怎么能对上辜负先帝的旨意，对下有亏先人的德行，重蹈西汉败亡的覆辙呢？"

这道诏令不仅情真意切，而且文采斐然。其中"车如流水，马如游龙"一句后来也演化为成语"车水马龙"，南唐后主李煜在自己的词中回忆以前当皇帝时的风光日子就说"车如流水马如龙，花月正春风"。

明德马太后教训诸王（清焦秉贞绘《历朝贤后故事图》）

太后的谦让让皇帝都觉得心里过意不去，说："汉朝兴起的时候，皇舅封侯，就像皇子封王一样都是旧制。太后心存谦虚，但是怎么能让我忍心不加恩于三位舅舅呢？而且舅舅们年纪都大了，万一以后有个三长两短，岂不是让我长怀刻骨的遗憾？"

皇帝话都说到这个份上了，太后仍然拒绝给几个兄弟封侯。

直到建初四年（79 年），天下大丰收，也没有任何边患，汉章帝于是下诏封三位舅舅为列侯。汉代的列侯是二十等爵中最高的爵位，其次是关内侯。三个舅舅都表示推辞，只愿意受封关内侯。马皇后知道后说："我本希望我闭眼那天能够没有遗憾，谁知道我的志向无法实现了！以后也要长留遗憾了！"

皇命难违，三个舅舅不得已接受了封爵。为了怕皇太后觉得自己贪恋权势，接受封爵后他们就辞去官职回家了。

马皇后除了是皇后以及皇太后，她还有一个身份——中国最早的女性史学家。

起居注是我国古代记载帝王言行的一种文体，是后人修史最重要的参考资料之一，对后代帝王治理国家也有重要的借鉴作用。马皇后在明帝时就自己撰写起居注，也因此开创了起居注这一新的历史体例。晋朝的时候，开始设置起居令、起居舍人等专门编写起居注，后代成为定规。

马皇后在当时和后代都受到高度赞誉。范晔在《后汉书》中评价说"故马、窦二后俱称德焉"，《续列女传》称赞马皇后"在家则可为众女师范，在国则可为母后表仪"。不过马皇后最大的功德，我认为还是在楚王刘英的冤案里她对汉明帝的劝谏。

中国第一桩教案
——楚王刘英案

  楚王刘英案是东汉初年影响最大、牵连人数最多的案件。不过，这个案子在宗教史上的影响远远大于在政治史上的影响，因为这是中国历史上第一桩教案。

  光武帝刘秀有十一个儿子，刘英是他的第六个儿子。刘英在建武十五年（39 年）被封为楚公，建武十七年（41 年）晋进为楚王。刘英的母亲是许美人，不是很受宠，所以刘英的封国也是兄弟中最贫穷狭小的。可能考虑到这一点，建武三十年（54 年）刘秀给刘英增加了两个县的封地。不过，刘英跟太子的关系倒是很好，《后汉书》说汉明帝为太子时，刘英"独归附太子，太子特亲爱之"。后来太子登基成了皇帝，多次赏赐楚王刘英，还破例封刘英舅舅的儿子许昌为龙舒侯。

  这样一个被皇帝宠幸的王爷却因为一桩惊天大案而在历史上留名，也让人不胜感慨。而这个惊天大案要从佛教的兴起和传入说起。

佛学初入

  公元前一千年中叶，古印度释迦族的国王净饭王有一个王子，叫乔达摩·悉达多。悉达多王子年少的时候也过着富豪奢侈的生活。据说他小时候有一次跟着父亲外出，分别看到老人、病人、死人，感慨生命的无常轮回。后来看到出家人，他便决心出家。经过艰难的修行，他终于成佛。这就是释迦牟尼，佛教由此诞生。

佛教诞生五六百年后传入中国。这事据说也跟汉明帝有关。

汉明帝有一天晚上梦见一个神人通体金光，第二天他问群臣这是什么神。一个叫傅毅的大臣说："我听说天竺（古印度）有得道的人，称为'佛'，佛能够在虚空中飞行，陛下梦见的大概就是这个。"

皇帝对此很感兴趣，于是派使者前往天竺去迎佛经。使者经历重重困难，来到大月氏，遇到两个天竺僧人，一个叫摄摩腾，一个叫竺法兰，使者请他们到中国传播佛法。于是两位僧人用一匹白马驮着经书来到了洛阳。汉明帝命令修建一座佛寺供两位僧人将佛经翻译为汉语，为了纪念白马驮经的功德，就将其命名为白马寺，这可算是中国第一座佛寺。

摄摩腾、竺法兰白马负经石刻（泉州开元寺）

作为一种新的宗教，佛教传入中国之初并没有引起人们太大的注意，汉明帝虽然下令迎取经书修建白马寺，但是他自己并不是佛教信徒。可佛教却引起了刘英异乎寻常的兴趣。

刘英年轻的时候喜欢游侠，老了之后更喜欢黄帝老子的学说。老子主张清静无为，在某些层面跟佛教的理念，有些相似。刘英知道皇帝下令修白马寺的消息后，专门派使者到洛阳去请教两位僧人，并从洛阳带回了僧人画的一幅佛像和抄的一章经书。

佛教在传入初期，很大程度上是被当成方术一类的东西，因此楚王刘英就把佛像和老子等人的神像一起供着，每天烧香礼拜。

谋逆罪发

汉明帝在永平八年（65 年）的时候，下诏天下犯死罪的人可以用丝绢赎罪。这事本来跟刘英这位王爷没有一毛钱关系，可是刘英派人拿着黄色和白色丝绢三十匹找到国相说："我身居藩国，犯了很多罪，感激皇帝对我的大恩大德，因此献上丝绢，用来赎我的罪。"

从刘英受到宗教影响这一点看，他所说的罪很可能指的是原罪一类的东西，但是这个概念当时的人是不了解的，所以皇帝十分惊讶，于是下了一道诏书，这也是中国历史上第一个牵涉到佛教的诏书：

> 楚王诵黄老之微言，尚浮屠之仁祠，洁斋三月，与神为誓，何嫌何疑，当有悔吝？其还赎，以助伊蒲塞桑门之盛馔。

这道诏书的意思是：楚王喜欢黄老的精妙言论，崇尚佛教仁慈的祭祀，长年持斋，和神达成盟誓，哪里有什么嫌疑，会有需要悔过的事情？

所以，汉明帝下诏把楚王的财物交还，用来供给"蒲塞桑门"的费用。这里的"蒲塞"就是菩萨，"桑门"就是沙门，即和尚。由此看来，汉明帝对刘英崇尚的那些东西还是有一定了解的。

但是，刘英后来做的事情就十分犯忌讳了。

永平十三年（70 年），一个叫燕广的人上书，告发楚王刘英与渔阳人王平、颜忠等制作图书（即图谶一类的东西），阴谋造反。明帝命令官员审查，查出刘英私下制造金龟玉鹤等东西，并在上面刻字，显露出当皇帝的野心。

要知道当时距离王莽伪造图谶铜匮金策篡位不过几十年，光武帝刘秀登上皇位其实也有图谶的暗中助力，因此东汉皇室对图谶一类东西十分敏感，刘英的行为无异于谋反。

随着审理的深入，又查出刘英不仅伪造图谶，还招揽亡命之徒，擅自封官至两千石，这谋反就完全坐实了。朝臣请求诛杀刘英，汉明帝不忍对兄弟下手，就废去他的王爵，放逐到丹阳泾县，赐给他五百户的封地。为了显示优宠，汉明帝派大臣持节护送，并允许刘英的乐工歌伎奴仆随行，一路上吹吹打打，乘车打猎去丹阳。但是，次年刘英到丹阳之后就自杀了。

而刘英死后，这个案子的残酷才刚刚开始。

池鱼之祸

告发刘英的燕广被封为折奸侯，被告发的颜忠、王平被投入大牢，酷刑之下，他们又把隧乡侯耿建、朗陵侯臧信等牵连进去。耿建辩解说他从来就没跟颜忠、王平见过面，但是当时皇帝在盛怒之中，官吏都战战兢兢，只要供词涉及的人，不由分说全部都抓进监狱。

刘英还干了一件更害人的事情。他私下把当时天下有名的人都记入了一个名册，也许是想以后起事的时候能够用上。但是其中很多人跟刘英没有任何交往。比如当时的吴郡太守尹兴就在名册中，于是尹兴和手下官吏五百人被征到廷尉受审，这些官吏承受不住严刑拷打，一大半人都死了，只有一个叫陆续的门下掾和几个僚属虽然被折磨得遍体鳞伤，但是还活着，而且从始至终没有违心招供。有一天，狱吏给陆续送饭，陆续一见饭食就大哭起来，派来审理的官员问他为什么痛哭，陆续说："我母亲来了我却不能见她一面，所以痛哭。"

官员问："你怎么知道你母亲来了？"

陆续回答："母亲做饭切肉从来都是切得方方正正，切葱都切成一寸长，所以我知道她来了。"

官员把陆续的话禀报给皇帝，皇帝也动了恻隐之心，下诏赦免了尹兴等人，但是不允许他们再踏入仕途。

刘英的案子一连审理了几年，因为案子被牵连致死的已经几千人了，还有几千人仍然被关在监狱里，而其中绝大多数都是无辜的。

负责审理的侍御史寒朗为这些人的冤情而难过，他决定冒死上奏，于是有了下面这段惊心动魄的对话。

寒朗上书说："耿建等人是无辜的，完全是被颜忠、王平所诬陷的。我怀疑这个案子很多人都跟他们一样是无辜被牵连进来的。"

汉明帝说："如果是这样，颜忠、王平为什么要供出他们？"

寒朗回答说："颜忠、王平自己知道犯了大逆不道的罪行，所以乱供人，希望能脱罪。"

汉明帝问："既然如此，为什么不早奏？"

寒朗回答："臣怕万一其他人发现他们的确是有不轨之心。"

汉明帝大怒说："你竟然持两端以观望！"说完下令手下把寒朗也拉下去。

寒朗挣扎着大声说："希望让臣说一句话再死！"

汉明帝问："谁和你一起做的奏章？"

寒朗回答："臣一人所做。"

汉明帝问："为什么不跟三府商议？"

寒朗回答："臣知道上奏之后肯定会被灭族，臣不敢牵连别人！"

汉明帝问："为什么说要被灭族？"

寒朗回答："臣审理此案一年，不能发掘奸人的阴谋，反而为罪人申诉冤情，所以知道自己必然被灭族，但只希望臣的话能让陛下有一点醒悟。臣看见现在负责审理案件的，都说这些罪人有很大的罪，臣子应该和陛下一起对他们恨之入骨，所以放他们出狱不如让他们进监狱，这样以后就不会有罪责。因此才审一个牵连十个，审十个牵连百个。朝堂上公卿朝会的时候，陛下问案子的情况，大臣们都长跪说：'按照旧制，大罪应该株连九族，现在陛下恩重如山，只惩罚他们自身，这是天下人莫大的幸运！'等他们回到家，嘴里虽然不说，却都仰头望着屋顶长叹。大家都知道他们中的很多人是被冤枉的，但是没有人敢违逆陛下。臣今天讲了这些，即使是死了也没有悔恨！"

听完寒朗的慷慨陈词，汉明帝愣了许久，最后才挥挥手放了寒朗。

在刘英案件弥天漫地的恐怖之下，寒朗的进谏是将生死置之度外了。让人欣慰的是，当时东汉的朝臣以良知为支撑以身犯险的不止他一个。

任城令袁安升迁为楚郡太守，这里也是刘英的案发地。到郡里之后，袁安不是先进太守府，而是直接去审查刘英案件，凡是没有确凿证据被关押入狱的，袁安全部当即释放，并写奏章上奏皇帝。

他手下官员全部叩头劝阻："纵容反贼跟反贼同罪，不能这样做。"

袁安说："如果有不妥，我自己承担罪责，不会牵连诸位。"

皇帝接到奏章之后，心中颇有感悟，于是下诏同意，四百多户人家因此保住了性命。

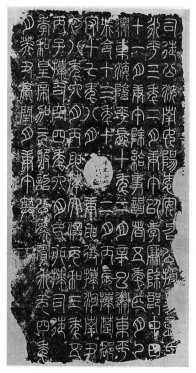

东汉《袁安碑》

落 幕

前章提到的马皇后平时不干涉政事，但是这时候她也觉得刘英案牵连太广，怨气太重，于是她找机会向汉明帝说了自己的看法。马皇后的表态对汉明帝刺激很大，史书记载明帝因此晚上睡不着觉，起来彷徨四顾，不停叹气。从那之后，很多被无辜牵连进来的就被赦免了。

楚王刘英案的影响甚至跨越了明帝的任期，到了下一任皇帝任上。永平十八年（75年），汉明帝去世，太子刘炟即位，是为汉章帝。汉章帝即位后天下大旱，皇帝就问司徒鲍昱："怎样才能消除旱灾？"鲍昱回答说："陛下刚即位就遇到旱灾，这跟陛下的治理应该是无关的。臣以为问题出在楚王刘英的案子上。这案子牵涉人太多，一半以上的人都是冤枉的，那些被流放的人骨肉分离，家族祖先也得不到祭祀，所以应该下诏让流放的人都回家，撤销禁令，这样就能消除旱灾。"

汉章帝听了鲍昱的建议。旱灾有没有消除不知道，但是楚王刘英的惊天大案终于落下了帷幕。

东汉壁画《宴饮百戏图》

盛极而衰
——窦宪的沉浮

洛阳令种兢最近遇到了一件特别糟心的事情。

一天，他带着随从走在洛阳大街上，遇到一个喝醉的奴仆冲进了自己的护卫队。手下上前驱赶，想把那人推出去，谁知道这个奴仆竟然对着种兢破口大骂。

按理说，洛阳令是朝廷高官，奴仆的身份与其差若天壤，种兢完全可以叫手下把这个不知天高地厚的奴仆痛打一顿，或者扔到监牢里让他醒酒。可是那天种兢不但不敢这样干，还得对那奴仆笑脸相迎，不敢露出一点不快的神色。

因为他知道，这个奴仆的主人不是别人，正是班固。对，就是那个写《汉书》的班固。

"沁园春"的由来

种兢害怕班固当然不是因为他是《汉书》的作者，史学家这个头衔在权力的谱系中基本没有任何位置。种兢之所以隐忍不发，强咽下这口恶气，是因为班固当时正是外戚权臣窦宪的心腹。打狗看主人很重要，打狗看主人的主人更重要。

窦宪，字伯度，也算出身名门。他的曾祖父是窦融，曾经为光武帝平隗嚣做出过很大贡献，深得刘秀信任，曾任大司空。窦宪的祖父窦穆、父亲窦勋都娶了公主，贵盛无比，但干了很多犯法的事情，于是被免官，勒令回到家乡居住。不过他们走到函谷关的时候，又被皇帝诏回。但是皇帝认为窦穆不能自我约束，就派了一个谒者监视报告他们父子的行动。几年后，谒者上奏说窦穆、窦勋父子被谴之后不是静心思过，而是心怀不满，经常有怨恨皇帝的言语。皇帝下诏勒令窦穆回乡居住。后来父子俩都因罪被捕，死在了狱中。

东汉初年很重视限制外戚的权力，著名的外戚如阴家、马家也很注意收敛自己，像窦穆、窦勋这样的可以说是很明显的反面典型，最后死得如此难看也是预料之中的事情。

由于窦勋被诛杀，窦宪很小的时候就失去了父亲，早年生活还是比较清贫的。他人生的转折点在建初二年（77年），这一年，窦宪的妹妹成了汉章帝刘炟的皇后。窦宪因此被拜为郎，后来升为侍中、虎贲中郎将；弟弟窦笃也被拜为黄门侍郎。两兄弟都受到皇帝宠幸，一起在皇宫侍奉。皇帝的赏赐不计其数，兄弟权势如日中天。当时著名的外戚家族如阴氏、马氏，以及诸王、公主都对窦家兄弟畏惧三分。

也许是被权力冲昏了头脑，窦宪竟然逼着皇帝的姊妹沁水公主把她的花园低价转卖给自己，沁水公主畏惧窦宪的权势，被迫答应。这件事在当时引起了巨大反响。一个外戚居然连公主都敢欺负，这足以让众人侧目，也让时人对受欺负的沁水公主产生很多同情。据说当时的人们根据这个事件写了一首歌，名字就叫"沁园春"，"沁园春"词牌就是这么来的。

东汉《车马出行图》

就连皇帝也没有想到窦宪会这么嚣张。一次出行，皇帝指着花园问窦宪，窦宪一时不知道怎么回答，只能敷衍过去，同时也禁止身边人回答。不久后，皇帝知道了此事，龙颜大怒，召来窦宪痛骂："你给我好好反省你的过错！侵夺沁水公主田园，在朕面前撒谎，跟赵高指鹿为马有什么区别？现在尊贵的公主尚且被你欺负，何况一般人？你给我搞清楚，国家要抛弃你一个窦宪就像抛弃腐鼠一样！"

皇帝的震怒把窦宪吓坏了，皇后急忙卸下华服自降等级向皇帝请罪。过了很久皇帝的怒气才消散，虽然没有治窦宪的罪，但是也不再委以重任。

司马光对汉章帝的处理很不满意，他评价说："臣子最大的罪过就是欺君，因此明君对欺君之罪是很痛恨的。汉章帝说窦宪指鹿为马，很正确。但是最终他没有惩处窦宪，那么岂不是奸臣没有受到应有的惩罚？皇帝对于臣下，祸患在于不知道臣下的奸邪，如果知道了又赦免他，那

么还不如不知道的好。"①

司马光说得对，经过此事，窦宪虽然在汉章帝在位的时候暂时比较老实了，但是汉章帝去世后则故态复萌。可见，汉章帝是把祸患留给了下一任。

从炙手可热到身死国灭

章和二年（88年），汉章帝去世，年仅十岁的太子即位，是为汉和帝。皇后变成了皇太后，窦宪兄弟也就成了国舅，地位更高了。此时窦宪以侍中身份掌管机密，传达诏命，弟弟窦笃担任虎贲中郎将，另外的弟弟窦景、窦环都担任中常侍，兄弟几个都身居要职，权倾天下。

窦宪极其善于揽权。太尉邓彪为人谦让随和，淡泊权力，属于老好人一类。窦宪就让他当太傅，自己有什么想法就让邓彪先上奏，然后自己去跟太后商议，朝政大事就全部控制在自己手里。屯骑校尉桓郁性格恬退自守，他们家几代都给皇帝当老师，窦宪安排他给皇帝讲经书，这样内外都在自己的掌控之中。

大权在握的窦宪越来越嚣张，凡是得罪过他的人都遭到他的报复。

永平年间，谒者韩纡曾经参与审理窦宪父亲窦勋的案子，此时，窦宪命令门客杀了韩纡的儿子，把他的头拿到窦勋墓前祭奠。

窦宪胆子越来越大，终于在刺杀刘畅一事上闯了祸。

刘畅是都乡侯，是齐殇王的儿子，也是刘秀的兄长刘缤的曾孙，是帝室之后。刘畅这个人风流倜傥，跟步兵校尉邓叠是亲戚，经常往来京

---

① 原话见《资治通鉴·汉纪三十八》："人臣之罪，莫大于欺罔，是以明君疾之。孝章谓窦宪何异指鹿为马，善矣。然卒不能罪宪，则奸臣安所惩哉！夫人主之于臣下，患在不知其奸，苟或知之而复赦之，则不若不知之为愈也。"

城，借着邓叠母亲的关系得以进入太后的长乐宫，得宠于窦太后。窦宪知道之后，害怕刘畅被太后宠幸危及自己的权势，竟然派门客在京城屯兵处刺杀了刘畅。之后又嫁祸给刘畅的弟弟利侯刘刚，还派侍御史和青州刺史审问刘刚。

尚书韩棱上疏说："贼人就在京师，不应该舍近求远，这样恐怕会被奸臣笑话。"太后大怒，斥责韩棱，但韩棱仍然坚持己见。朝臣对此案议论纷纷，最后认为由窦宪派人审理此案十分不妥，应该成立一个独立的调查机构彻查真相。太后同意了。于是朝廷成立了一个专案组，各部门派代表参与，很快真相便查清了：背后主使者就是太后的弟弟窦宪。太后大怒，把窦宪关在了内宫，等待处置。

窦宪知道大难临头，恐怕妹妹也救不了自己。为了保命，他抓住了最后一根稻草——请求率军出击匈奴赎罪。

此前，匈奴已经分为南北两部。其中南匈奴在呼韩邪单于的率领下在西汉宣帝时款塞①入朝，投降了大汉。北匈奴相距遥远，已经不能对汉朝形成实质上的威胁。窦宪的请求让朝臣哗然，纷纷上书劝谏，认为北匈奴并未入侵，不应该劳师动众深入大漠去讨伐。但是太后否决了所有的奏章。于是在汉和帝永元元年（89 年），窦宪、耿秉率军出朔方鸡鹿塞，南单于屯屠河出满夷谷，度辽将军邓鸿出稠阳塞，三路人马在涿邪山（今蒙古国境内满达勒戈壁以南一带）会师。

窦宪命令副校尉阎盘、耿谭率领南匈奴精骑万余，与北匈奴在稽落山（今蒙古国阿尔察博克多山）大战，大破敌军，北单于逃走。窦宪率军追击，一直追到私渠比鞮海（乌布苏湖），此战歼敌一万三千余人，缴获牲畜上百万头，招降二十余万人。窦宪、耿秉登上燕然山（今蒙古国

---

① 款塞：叩塞门。外族前来归顺、通好。

杭爱山），命令在山上刻石记功，而撰写碑文的，就是中护军班固。

北单于被打得走投无路，多次请求投降，但是窦宪认为北单于没有诚意，便继续攻击，连北单于的母亲都被俘虏了。最后北单于逃亡，不知所终。

立了大功的窦宪回到朝廷，权势滔天，比往日还更胜一筹。耿夔、任尚成为他的爪牙，邓叠、郭璜是他的心腹，班固、傅毅等人专门为他写文章。当时的刺史、守令大多出于窦宪门下，他们压榨百姓，贿赂公行。尚书仆射乐恢上书反对窦宪，朝廷不予理会。乐恢只好提前退休归乡。窦宪暗示地方官胁迫乐恢，逼他服毒自杀。朝臣恐惧，无人敢与窦宪抗衡。

一次窦宪陪着皇帝回长安，尚书以下官员商议要伏在窦宪车前叩拜，称呼万岁。韩棱正色说："上交不谄，下交不渎，按照礼法，没有称呼臣子为万岁的制度。"听到这话，那些大臣才羞愧地收回建议。

周荣是司徒袁安的手下，袁安很器重他，袁安举奏窦景和窦宪的奏章都是周荣起草的。窦氏对周荣恨之入骨，窦氏的门客、太尉掾徐龄威胁他说："你作为袁公心腹，排挤窦氏。窦氏刺客遍布城中，你小心防备！"

周荣说："我江淮孤生，蒙先帝大恩，做过两任地方官，现在又成为司徒府的属官，纵使被窦氏所害，我也心甘情愿。"

周荣嘱咐家人，如果自己突遭横祸，不要为自己收尸，希望以自己的尸体使朝廷觉悟。

然而窦氏一族没想到权力终究有玩到尽头的一天。

窦宪的兄弟和手下遍布朝中，权势无比，于是阴谋暗杀皇帝，取得更大的权力。此时的汉和帝年仅十四岁，却表现出了远远超越年龄的忍耐和智慧。他已经知道窦氏的阴谋，但是苦于朝廷上下几乎全都依附窦宪，没有信任的人可以商议。最后他认为中常侍钩盾令郑众机敏有心机，而且不趋附权贵，于是就跟郑众一起谋划扳倒窦宪的方法。而此时窦宪以大将军身份领兵在外，和帝怕他兴兵作乱，因此一直找不到合适的机会。正好窦宪和邓叠班师回朝，和帝大喜，先派人稳住窦宪，然后下诏执金吾、五校尉驻守南北宫，关闭城门，抓捕郭璜、邓叠等人并处死。接着派使者没收窦宪大将军印绶，改封冠军侯，命令窦宪、窦笃、窦景、窦环等交出兵权，回到封地。除了窦环，其他人都被逼令自杀。曾经烜赫一时的窦氏就这样几乎被灭门了。

窦氏被灭，班固也失去了靠山。前面提到的洛阳令种兢终于有了报仇的机会。他马上以搜捕窦氏宾客的名义逮捕了班固，最后在监狱里杀了他。

范晔在《后汉书》里谈到这事的时候说："班固感叹司马迁学问渊博，却不能用自己的智慧避免受腐刑的惩罚；而班固自己最后也死于非命，有智慧却不能自守其身。这就是古人说的眼睛看得到很远的地方却看不到自己的睫毛啊！"①

可是范晔在书里振振有词地批评班固，自己却也因为参与彭城王刘义康谋反而身死东市。正所谓"旁观者清，当局者迷"。王羲之曾说："后之视今，亦犹今之视昔。"班固、范晔的遭遇，也可算这句话的另一种注解吧！

作为史学家，班固才华横溢是不容置疑的，他写的《汉书》是二十四史中水平最高的史书之一，与司马迁的《史记》、范晔的《后汉书》和陈寿的《三国志》一起被称为"前四史"。不过智商如此之高的班固，还是没能在权力的旋涡中得以善终，他死的时候，《汉书》还没完成。不

---

① 出自《后汉书·班彪列传》，原文是："固伤迁博物洽闻，不能以智免极刑；然亦身陷大戮，智及之而不能守之。呜呼，古人所以致论于目睫也！"

过好在他有一个妹妹，叫班昭。和班固一样，班昭深受他们的父亲班彪的影响，博览群书，才华出众。十四岁的时候班昭嫁给同郡的曹世叔为妻。班固死后，班昭奉旨进入东观藏书阁，续写《汉书》。后来汉和帝多次请班昭进宫，并让皇后、贵人们拜她为师。因此班昭也被后世称为"曹大家"。

班固和班昭都以文才著称于世，不过班固的弟弟对皓首穷经寻章摘句就没有什么兴趣，他的梦想在大漠孤烟金戈铁马的远方。

班固这个弟弟就是班超。

班昭像（明佚名《千秋绝艳图》局部，中国国家博物馆藏）

扬威万里定远侯
——班超

不入虎穴，焉得虎子

班超，字仲升。和哥哥姐姐们不同，班超虽然从小受父亲的影响涉猎典籍，但是他的性格很不像一个文士。《后汉书》记载说班超"为人有大志，不修细节"，这更像侠士的气质。同时他很能吃苦，性格坚忍不拔。

永平五年（62 年），班固被征为校书郎，班超和母亲就跟着一起来了洛阳。因为家里穷，班超就以为官府抄书来养家糊口。这种寡淡的生活显然不合班超的胃口，有一次他愤然扔下笔长叹说："大丈夫就应该效法傅介子（西汉大臣，曾经斩杀悖逆的楼兰王）、张骞那样在异域立功封侯，怎么能长久在笔砚边打转？！"

旁边一起抄书的人都笑话班超，班超不屑地说："小子哪里知道壮士的志向！"

这话很像陈涉的名言"燕雀安知鸿鹄之志哉"，看来史书说班超有大志绝非虚

班超像

言。但是光有大志还不行，人生还需要等待机会。后来有一次皇帝问班固："你弟弟在做什么？"

班固回答："在帮官府抄书，挣钱养老母。"

皇帝就任命班超为兰台令史。这也是个文职小官，显然也不是班超想要的。也许因为这个原因，没干多久他就因为犯事而被免官了。

永平十六年（73年），奉车都尉窦固出击匈奴，班超的机会终于来了。他毅然投笔从戎，加入了军队，被任命为假司马，也就是代理骑兵统领。班超在蒲类海（今新疆巴里坤湖）一战中初露锋芒，窦固觉得这年轻人很有才能，于是派他和从事郭恂一起出使西域。

汉代的西域指的是玉门关、阳关以西，葱岭以东的地区，也就是现在的巴尔喀什湖以东，南到新疆的广大地区。这一地区分布着数十个小国家，其中很多国家当时依附于匈奴，对于汉朝是很大的威胁，为此边境的很多城池白天都城门紧闭，丝绸之路也受到很大影响。西汉派张骞通西域，就是为了打破匈奴对西域的控制局面，砍断匈奴的右臂；后来派卫青、霍去病出击匈奴，付出了很大代价，但是也使匈奴遭受重创。汉宣帝的时候，南匈奴投降汉朝。但是后来王莽篡汉，光武中兴，中原又陷入战火。直到汉明帝即位，国家才逐步走上正轨。因此，才派遣班超出使西域。

班超和郭恂率领部下来到了鄯善国。鄯善国其实就是以前的楼兰国，汉昭帝时改为鄯善，当时的国王名字叫广。广看见班超等汉朝使节到来，开始十分恭敬，殷勤备至，但是过了几天突然对班超等人冷淡了。

班超问："大家有没有觉得广这几天对我们很冷淡了？"

手下人说："大概是胡人不能持久吧，没有别的原因。"

班超不同意，说："不对，肯定是有匈奴的使者也来拉拢鄯善国，国王这时候犹豫不决，不知道归附谁。聪明的人在事情发生之前就应该发现苗头，何况已经这么明显了。"

于是班超把鄯善国的侍者招来诈他，问他："匈奴使者已经来了几天了，他们现在在哪里？"

侍者大惊失色，只好招认。

班超把侍者暂时关押起来，召集手下三十六人一起饮酒。酒酣耳热之后，班超说："大家跟我来到这么遥远的地方，是想立大功，求得富贵。现在匈奴使者才来几天，国王广对我们就如此冷淡，如果他把我们抓起来送给匈奴人，我们只能成为豺狼的食物了，怎么办？"

手下都说："现在我们处在危亡之际，生死都听从司马安排！"

班超说："不入虎穴，焉得虎子。现在我有一计，可以趁夜火攻敌人，他们不知道我们的人数，一定会很惊恐，这样我们就可以全部消灭敌人。消灭了他们，鄯善国王也会吓破胆，我们就可以立功了。"

有手下认为应该事先跟从事郭恂商量。班超大怒说："我们的吉凶就看今天，从事是文官俗吏，知道我们的谋划后一定会恐惧，导致泄密。最后我们死了都不会留下清名，怎么可能被称作壮士！"

众人听从了班超的建议。当天夜里，班超命令全体人员来到匈奴使者营地。正好刮着大风，班超让十个人带着战鼓藏在营帐背后，约定说："看见火光，你们就擂鼓呐喊。"

其他的人都带着弓弩在门两边埋伏。班超顺风纵火，营帐前面后面的汉兵全部擂鼓呐喊，匈奴人吓得乱成一团，班超亲手杀死三个敌人，其他人斩杀敌人三十多个，剩下的一百多个匈奴人都被烧死。

第二天班超才把昨晚的行动告诉郭恂，郭恂大惊，之后脸色有些难看。班超看穿了郭恂的心思，说："您虽然没有参加行动，但我班超哪里能独占功劳呢？"

听到这话，郭恂才露出了愉快的表情。

　　班超把鄯善国王广招来，把匈奴人的首级给他看，鄯善国举国上下都震惊了。接着班超对国王好言相劝，让他归附大汉。国王终于下定了决心，把王子送到汉朝作为人质以示忠诚。

　　班超完成使命，回来禀报窦固，窦固大喜，把班超的事迹全部奏明皇帝，并请求再派使者出使西域。不久皇帝诏书下来："有班超这样的官员，为什么不再派他还要另选呢？"

　　皇帝下令任命班超为军司马，出使西域，完成大功。班超接受了任命。窦固想再多给他派兵马，班超说："我带原来的三十六个人就够了。如果真的遇到危险，人多了反而成为拖累。"

　　就这样，班超开始了他扬威绝域的征程。

东汉骖龙雷车画像砖拓

扬威绝域

班超首先到的是于阗国。当时于阗王广德刚刚打败莎车国，背后又有匈奴人撑腰，一时间成为西域南部的霸主。班超一行到达于阗国，广德对他们很冷淡。于阗国很迷信巫师。巫师扬言："神发怒了，说我们于阗国为什么要依附汉朝？我听说汉朝使者有騧马（一种良马），马上给我取来祭祀我！"

广德于是派使者向班超索要马。班超已经探听到了情况，他告诉使者要马可以，但是需要巫师自己来取。过一会儿，巫师就来了。班超立即砍了巫师的头送给广德，同时严厉谴责他。广德早就听说班超在鄯善国诛杀匈奴使者的壮举，已经对他有三分惧意，现在见他居然杀了据说法力强大的巫师而一点事没有，心里更是恐惧。马上下令杀死匈奴使者归附汉朝。

离开于阗国，班超的下一个目标是疏勒。

当时龟兹国王名叫建，他投靠匈奴，狐假虎威占据了西域北方。龟兹攻破疏勒国，杀掉了疏勒王，立了一个龟兹人兜题当疏勒王。收复于阗国后的次年春天，班超抄小路到疏勒国，距离兜题所在的疏勒国都盘橐（tuó）城只有九十里。

班超命令手下田虑先行去招降，他对田虑说："兜题是龟兹国的傀儡，本来就不是疏勒人，疏勒国人肯定不会听从他的话。如果他不马上投降，你就把他拿下。"

田虑到盘橐城后，兜题看汉朝使节只有几个人，十分轻视他们，根本没有投降的意思。田虑趁兜题不注意，和手下冲上去劫持了他，把他捆绑起来，兜题左右见状四散逃走。田虑派人快马报告班超，班超到了之后把疏勒的将军和官员集中起来，控诉龟兹国的残暴，把前疏勒王的侄子忠立为王，疏勒人都十分高兴。班超没有杀掉兜题，而是把他放了回去。

永平十八年（75年），汉明帝刘庄去世。趁着大汉帝国大丧之机，焉耆攻打汉军，杀害了西域都护陈睦，班超在西域陷入孤立无援的境地。此时龟兹、姑墨国也发兵攻打疏勒。班超固守盘橐城，与疏勒王忠互相配合，坚守了一年多。汉章帝即位之后，害怕班超孤军有失，下诏征班超回朝。消息传出之后，疏勒国举国悲伤，疏勒都尉黎弇甚至举刀自尽。

班超回到于阗的时候，于阗王侯都大哭说："我们依靠汉朝使节就像依靠父母，您真的不能离去。"于阗人一起上前抱着班超的马脚，让他不能前行。班超估计于阗人终究不会让自己走，而且这样离开他也不甘心，于是他又回到疏勒。就在班超离开之后，疏勒两座城池就投降了龟兹，班超斩杀叛军，夺回两座城池，疏勒又恢复了安定。

三年后，建初三年（78年），班超在疏勒聚集好了力量，率领疏勒、康居、于阗、拘弥联军一万人攻打姑墨的战略要地石城，大破敌军。班超想乘胜扫平西域，于是上书向汉章帝请兵。汉章帝很欣赏班超的计划，在朝廷商量派兵事宜。平陵人徐干向来敬佩班超的智略，主动请缨，建初五年（80年），汉章帝派徐干带领一千人远赴西域支援班超。

班超的计划是攻打龟兹，但是第一步想招降乌孙国。他向皇帝上书说明了自己的计划，皇帝十分赞成，派卫侯李邑护送乌孙国使者回去。李邑刚到于阗，正遇上龟兹攻打疏勒，贪生怕死的李邑不敢再往前走，便上书说班超收复西域的计划不可能成功。还说班超拥爱妻，抱爱子，在外国享福，没有回国的想法。好在汉章帝对班超十分信任，下诏严厉斥责李邑："即便是班超拥爱妻，抱爱子，他手下思归的将士上千人，怎么会都和他齐心协力？"命令李邑赶赴班超所在地，接受班超指挥。

之后班超命令李邑护送乌孙国的王子到京师。徐干说："李邑之前诽谤您，想破坏收复西域大业。为什么您不借此留下他，还要派他回去？"

班超说："你这话太浅陋了！正因为他之前诽谤我，我才派遣他回去。我自己问心无愧，何必害怕别人的流言？出于私心而留住他，不是忠臣的作为。"

第二年，朝廷派遣假司马和恭等四人率领八百士兵支援班超，班超于是率领汉兵以及疏勒和于阗的军队攻打莎车。可是这时候莎车国国王重金收买了疏勒王忠，忠临阵背叛，固守乌即城对抗汉军。班超攻打乌即城半年无法破城，此时康居王又派兵来支援忠。班超通过月氏国王告诉康居王利害关系，于是康居王带着忠离开，乌即城被班超攻下。

叛徒忠在三年后希望从康居借兵回到自己国家，于是向班超诈降。班超早已知道他的阴谋，佯装答应，秘密部署兵马等候。忠到了之后，班超设宴款待，酒过三巡，班超呼叫卫士绑了忠，当即斩了这个叛徒。之后，发兵攻打余众，大获全胜。至此，西域南道被打通。

章和元年（87年），班超征发于阗等国军队两万五千人，攻打莎车。龟兹王派遣左将军征发温宿、姑墨等国五万兵马救莎车。班超把将领们和于阗王召集到一起商议说："现在我们寡不敌众，最好各自散去。于阗从这里回东边，我也从这里回西边，等到夜里击鼓再行动。"

同时班超暗中吩咐让俘虏逃回去报信。龟兹王知道后大喜，自己带着一万骑兵在西边等候班超，让温宿王带八千骑兵在东边伏击于阗王。班超知道敌军两支部队已经出发，秘密召集所有兵士，鸡鸣时分攻打莎车大营。敌人毫无防备，大乱奔逃，班超一战消灭敌人五千多，缴获牛马财物无数。莎车走投无路只好投降，龟兹王见大势已去，也只好退兵。

西域的局势就如戈壁的风暴，总是瞬息万变。昨天的劲敌可能是今天的战友，今天的战友也可能是明天的仇敌。

当初月氏国曾经帮助汉军攻打车师，自觉立下大功。这一年就带着各种礼物，想娶汉朝公主。班超拒绝了他们的请求，因此跟月氏国结了仇。汉和帝永元二年（90年），月氏国派遣副王谢率领七万兵马攻打班超。班超兵力很少，大家都十分恐惧。班超告诉将士们："月氏国人数虽多，但是他们从几千里外越过葱岭攻打我们，没有后勤补给，有什么可忧虑的。我们只管收获庄稼坚守，他们饥饿势穷，自会投降，不过几十天就能够决出胜负。"

果然，月氏军队攻城不下，到处抢掠又没有收获。班超估计他们带的粮食要吃完了，一定会向龟兹求助。于是派几百士兵在东边边界埋伏等候。月氏副王谢果然派人带着金银珠宝去龟兹买粮。班超的伏兵冲出，敌人全部被歼灭。班超让士兵把敌人首级给谢看，谢大惊，派出使者向班超请罪，只希望能够活着回去。班超把他们放了回去，从此月氏国归附汉朝，每年派使者进贡。

月氏的归顺让西域诸国闻风丧胆。第二年，龟兹、姑墨、温宿都投降汉朝，朝廷下诏任命班超为西域都护，徐干为长史。此时，西域只有焉耆、危须、尉犁因为此前杀害了汉朝都护，害怕加罪，不愿投降。

永元六年（94年），班超率领龟兹、鄯善等国联军七万人征讨焉耆。焉耆国有一座苇桥通往国境，焉耆王广派人毁掉了苇桥，想以此阻挡汉军。班超从其他地方渡河，直逼焉耆都城，在城外二十里处扎营。焉耆王大惊，带着手下跑到山里去躲藏。班超设计捕获了焉耆王和尉犁王，把他们带到前都护陈睦战死的地方杀了，重新拥立了焉耆王。

至此，西域五十多个国家相继归顺汉朝，匈奴就如被砍断了右臂，再也无力侵扰汉地了。班超的功劳震动朝廷，永元七年（95年），皇帝下诏，封班超为定远侯。

班超从永平十六年（73年）随窦固出击匈奴，出使西域，到永元十二年（100 年）转眼就二十八年了。这二十八年里，他从率领三十六个手下斩杀匈奴使者，招降鄯善，到最后率领七万大军击败焉耆，平定西域全境，几乎没有让朝廷付出什么代价，却让西域数百万平方公里土地、几十个国家降服于汉朝，这种功勋，古今未有。而二十八年后，曾经在戈壁草原跃马扬鞭指挥若定的班超已经六十九岁了，马上到古稀之年的班超，唯一的心愿就是能回到家乡。

班超于是向朝廷上了奏章，表明自己想回乡的愿望，在奏章里他说："臣不敢望到酒泉郡，但愿生入玉门关。"

班超的妹妹班昭也上书皇帝，请求允许班超回国。皇帝感动于他们的真诚，终于允许班超回朝，派遣戊己校尉任尚担任西域都护代替班超。

班超在西域待了三十年，永元十四年（102 年）八月，他终于回到了洛阳，被拜为射声校尉。而九月，班超就去世了。

班超要离开西域的时候，任尚来拜见，办理交接事宜。任尚问："您在外国三十年，我侥幸得以接替您，您有什么教导我的？"

班超说："如果您实在要我说，我就说两句。被派到边塞的将士，都不是什么孝子贤孙，都是因为有罪被补充到边关的。而蛮夷更是很难驯服。您的性情太严厉急躁，希望您记住：水至清则无鱼，政事上太明察很容易失去下面的拥护。应该简单放纵，宽恕小的罪过，总领大纲即可。"

班超走后，任尚对手下说："我以为班超有什么妙计，结果所说的话也不过平平。"

然而任尚恰恰是因为忽视了班超的教诲而失败。几年后，西域在他治理下一片混乱，最后他也因罪被征还朝。

跋扈将军
——权臣梁冀

汉桓帝延熹元年（158 年）的一天晚上，家住洛阳延熹里的中常侍宦官袁赦家的房顶发现了一个鬼鬼祟祟的刺客。

袁赦发觉之后，马上击鼓召集下人，众人抓住了刺客。审问之下才发觉，这个刺客不是冲着自己来的，而是想刺杀袁赦的邻居宣①，碰巧经过袁赦家。袁赦告诉了宣，宣马上进宫告诉皇帝。

这件流产的刺杀案却导致了一个掌权二十多年的外戚家族的倒台。

梁氏艰难的崛起之路

前文说过，东汉初年名将马援刚刚去世就被陷害，光武帝一怒之下收缴了他的新息侯印绶，马援的遗体运回来之后，家人甚至不敢把他安葬在家族墓地。而陷害马援的，就是当时的驸马梁松。

梁松也算系出名门。他的父亲梁统原是窦融手下的武威太守，并和窦融一起归附光武帝，在消灭隗嚣割据势力的时候建立了功勋。因此梁

---

① 宣：汉桓帝第二任皇后邓猛的母亲。

松娶了光武帝的女儿舞阳长公主。梁松才华出众，对经书、朝廷典章都十分熟悉。光武帝在位的时候就对他十分信任，宠幸无比。光武帝去世之前，他被指定为辅政大臣。他之所以陷害马援，就是想巩固自己的地位。

汉明帝即位之后，梁松多次写书信让地方官帮自己办事，事发之后梁松被免官。两年后，因为他涉嫌写文章诽谤朝政而被捕，后来死在监狱里。

梁松的弟弟叫梁竦，因为哥哥梁松犯罪被杀，他和家人被流放到了九真（今越南中部）。从皇亲国戚到突然被流放万里之遥，梁竦的心情可想而知。他由自己的身世想到了战国时候的伍子胥和屈原，于是写了一篇《悼骚赋》，感伤自己的身世。

后来皇帝下诏让梁竦跟家人回到中土。梁竦回家之后，闭门自守，埋头读书写作，不与外人交流。他曾经写过几篇文章，命名为《七序》。班固见了之后长叹说："孔子著《春秋》而乱臣贼子惧，梁竦作《七序》而窃位素餐者惭。"

谨小慎微的梁竦就连嫂嫂舞阳公主赐给他的东西，他都分给亲族，自己不用。州郡征召他做官，他都不答应，希望以此避祸全身，但是他最终还是没有得偿所愿。

梁竦有三个儿子三个女儿，两个女儿被汉章帝纳为贵人，不久，小贵人就生了个儿子！这个儿子一生下来，就被窦皇后收养了，这也意味着这个儿子以后很可能成为皇帝！这对久经沉沦的梁家来说是一个天大的好消息。因此梁家偷偷庆祝这个孩子的诞生。

梁家庆祝的消息传到了窦皇后耳朵里，这时候的窦皇后正贵宠无比，她怕梁家因为这个孩子而显贵，最终成为自己的祸害，因此想办法害死了两位贵人，之后又诬陷梁竦谋逆。最后梁竦也被捕死在狱中，家属又再次被流放到九真。

后来汉章帝去世，果然是小贵人生的那个孩子即位，这就是汉和帝。但是汉和帝即位初期窦太后掌权，梁家还是没有翻身的希望。

永元九年（97年），窦太后去世，梁家人上书向皇帝说明了他亲生母亲的遭遇，和帝十分震惊。此时两个贵人的姐姐，已经嫁给南阳樊调的梁嫕也上书为贵人申冤，皇帝命令有关官员查问此事，终于真相大白。和帝把梁嫕留在官内，赐号梁夫人，提升樊调为羽林左监，追封贵人为恭怀皇后，重新改葬了梁竦，并下诏征还被流放的梁竦家人，封梁竦的儿子梁棠为乐平侯，梁雍为乘氏侯。

梁雍去世之后，他的儿子梁商继承了爵位。汉顺帝的时候，梁商的女儿和妹妹被选入皇宫，之后女儿被立为皇后，妹妹为贵人，梁商也因此升官，被拜为执金吾。

梁商以外戚身份身居高位，他内心还是很谦恭谨慎，经常向朝廷推举贤才，皇帝对他很尊重。每当荒年，梁商就让人把自己家的粮食拿去赈济灾民，但从来不声张。他对家人的管束也很严格，不让他们因为自己的权势而干扰法令。当时宦官权势很大，梁商就让自己的儿子梁冀、梁不疑去跟宦官交往，希望能得到他们的好感。谁知道这种小伎俩宦官并不放在眼里，反而处处视梁商如眼中钉，一心想除掉他。

永和四年（139年），中常侍张逵、蘧政等人诬告梁商与中常侍曹腾、孟贲谋反。皇帝说："大将军梁商父子是我亲近的人，曹腾、孟贲也是我喜欢的人，他们肯定不会造反，是你们几个嫉妒他们罢了。"

张逵、蘧政等见皇帝不上当，干脆假造圣旨逮捕了曹腾和孟贲。皇帝知道之后大为震怒，马上派人释放了曹腾等人，而诬告者张逵、蘧政等则被杀。这个案子后来在审理中牵涉到朝中多位大臣，梁商上书请求皇帝不要扩大化处理，惩治元凶即可，皇帝答应了梁商的请求。

因为谦恭谨慎，梁商在东汉外戚中名声比较好。他去世之前要求薄葬，但是这个要求被皇帝否决了。汉顺帝赐给梁家很多财物，并派出战车和甲士护送出殡。梁商被赐谥号忠侯，皇帝亲自登上宣阳亭目送送葬的车骑，还做了一篇诔文：

> 孰云忠侯，不闻其音。
> 背去国家，都兹玄阴。
> 幽居冥冥，靡所且穷。

梁商去世还没安葬，顺帝就拜梁商的儿子梁冀为大将军，继承了梁商的爵位。东汉最著名的外戚之一就这样登上了历史舞台。

权倾天下

梁冀，字伯卓，史书上记载他"鸢肩豺目，洞精矑眄，口吟舌言，裁能书计"。意思是说他双肩高耸，像老鹰一样；眼睛像豺狼一样直竖着。他喜欢直勾勾地看人，眼中没有神采，说话也含混不清，有些口吃。至于学问，也就刚刚能抄抄写写记个账。

梁冀的妹妹就是顺帝的皇后。梁冀可称标准的贵族子弟，从小喜欢游玩，爱好喝酒。只要是游戏之类他没有不喜欢的。同时这个人内心残忍，手段狠毒，在他父亲还在世的时候这一点就显露无遗了。

永和元年（136 年）梁冀任河南尹，他任职时为政残暴，经常违法乱纪。他父亲梁商有一个门客担任洛阳令，叫吕放，多次跟梁商汇报梁冀的情况，梁商知道之后狠狠批评了梁冀。梁冀对吕放怀恨在心，派人在路上刺杀了吕放。因为怕梁商知道内幕，梁冀谎称是吕放的仇家所为。

为了开脱罪责，他故意推荐吕放的弟弟吕禹接替洛阳令之职，之后找个借口抓捕了吕禹，吕禹宗族、宾客一百余人全部被杀。

永和六年（141年），时任大将军从事中郎的李固担任荆州刺史。此前荆州老百姓由于官吏贪虐发生叛乱，多年不能平定。李固到任之后，派使者赦免叛乱民众罪过，允许他们自新。于是六百多名参与叛乱的百姓自己捆绑着来自首，李固全部免了他们的罪，让他们招回其他的叛乱者。半年之内，叛乱就停止了。李固同时严厉惩治贪官。南阳太守高赐等贪腐无道，李固上书弹劾他们。高赐等人用重金贿赂梁冀，梁冀千里修书让李固放过高赐等，李固不但不听，反而更加严厉追查。梁冀大怒，让李固改任泰山太守。当时泰山也有叛乱者盘踞多年，郡兵上千人讨伐均未成功。梁冀让李固去泰山，也有借刀杀人的意思。谁知道李固到了之后，把郡兵全部遣散回家务农，只留下精兵百余人，然后与叛乱者坦诚相见，恩威并重，不到半年，盗贼全部解散。

朝廷昏庸，官贪吏虐，汉顺帝在位时民变不断，就连皇帝也觉得有些不好意思了。汉安元年（142年），汉顺帝象征性地派出杜乔、张纲、周举等九位大臣巡行州郡，惩治贪官污吏。杜乔等人接到诏书就出发了，只有张纲把车轮埋在洛阳都亭，气愤地说："豺狼当道，安问狐狸！"随即上书弹劾大将军梁冀、河南尹梁不疑以外戚身份身居高位，违法乱纪，贪腐至极。并列出他们十五条罪状，请求予以严惩。这封奏疏震惊了整个朝廷。皇帝虽然知道张纲说得对，却也无可奈何。

梁冀对张纲恨之入骨，于是故技重施，用对付李固的办法来对付张纲。

当时广陵叛贼在张婴率领下在徐州、扬州一带盘踞，十多年来，地方官都无法平定。梁冀就让张纲担任广陵太守。以前的太守多向朝廷请调兵马，张纲却单车上任。到广陵之后，他直接就去了张婴的营门口。

张婴大惊，跑出来迎接。张纲对他说："之前的地方官大都贪婪残暴，以致您和大家愤恨而起，官员们固然有罪，但是你们这样做也是不对的。现在主上仁义圣德，希望用文德降服反叛，所以才派我来，是想用爵位俸禄使你们荣显，不愿用刑罚处置大家。如果不从，各地大兵前来，后果不堪设想。两种选择的利害关系请您思量。"

张婴听了之后大哭，表示自己的确是因为受不了官员残暴而被迫起兵，答应投降。次日，他就带着部众一万多人和妻子儿女前来归降。张纲单车进入张婴军营，与他们大摆筵席庆贺，之后遣散部众，任由他们去哪里。还亲自为愿意留下的人寻找住处，物色田地，子弟想当小吏的，张纲也任用他们，于是百姓大悦，自此叛乱完全平定。

张纲因平叛立下大功，朝廷想进行封赏，但是由于梁冀的竭力阻挠，张纲并未得到应有的奖赏。一年之后，张纲在任上去世。

建康元年（144 年），汉顺帝去世，皇后成了皇太后。为了巩固手中的权力，太后与梁冀等人拥立了一个刚两岁的孩子即位，这个孩子就是汉冲帝。

汉冲帝即位第二年就死了，于是梁冀又拥立了汉质帝刘缵。

汉质帝即位的时候只有八岁，但是这个八岁小孩有着远超出同龄孩子的智慧，可惜，这智慧也为他带来了杀身之祸。

有一天在朝堂上，汉质帝当着众臣的面看着梁冀说："这是个跋扈的将军。"

梁冀听到之后心中十分不满。本初元年（146 年），梁冀让手下给皇帝进献下毒的煮饼①，皇帝吃了之后十分难受，马上派人召来太尉李固。

李固问事情原委，皇帝说："我吃了煮饼，肚子里很难受，我想喝水。"

梁冀在旁边马上说："不能喝水，怕皇帝会吐。"

———————————

① 煮饼即面条。

梁冀的话还没说完，皇帝就死了。

从汉安三年（144年）到本初元年（146年），短短三年时间，东汉就经历了三位皇帝（汉顺帝、汉冲帝、汉质帝）。现在即位刚刚一年的质帝也蹊跷地死了，立嗣问题又被提上议事日程。

太尉李固和几个大臣建议立清河王刘蒜，很多大臣也赞成。但是有一次中常侍宦官曹腾去拜访刘蒜，刘蒜对他很冷淡，曹腾从此怀恨在心，因此宦官们都反对这个人选。

梁冀则建议立蠡吾侯刘志。之所以如此，是因为曹腾曾经晚上去拜访梁冀，说："将军几代都是外戚，深受重用。您的宾客很多，纵横天下，难免有些违法乱纪的事情。清河王为人严明，如果立他，将军的大祸就临头了。不如立蠡吾侯，可以长享富贵。"

对曹腾的话梁冀深以为然。次日朝堂上商量的时候，梁冀辞色俱厉，大臣们都惊慌失色，纷纷附和梁冀的意见。只有李固、杜乔等大臣还坚持要迎立清河王。梁冀厉声说："罢会！"散会后，梁冀就跟太后商议，将李固免职，之后派人迎立蠡吾侯刘志。刘志当天就即皇帝位，这就是汉桓帝。

梁冀因为拥立有功，被加封三千户封地，弟弟梁不疑被封为颍阳侯，梁蒙被封为西平侯，梁冀的儿子梁胤被封为襄邑侯。

桓帝即位后，梁冀就让心腹告诉桓帝，李固和杜乔曾坚持册立清河王刘蒜，这让桓帝对两人十分痛恨。不久，清河一个叫刘文的人与南郡人刘鲔勾结，说清河王刘蒜应该即位为帝。事发之后，刘文和刘鲔都被诛杀，刘蒜被贬为尉氏侯，流放桂阳，不久刘蒜就自杀了。

梁冀借此机会诬告李固、杜乔与刘文、刘鲔勾结造反，将李固逮捕下狱。李固声名极高，很多人来为他辩冤，太后一直敬重李固，下诏释放了他。李固出狱的时候，京师百姓都欢呼万岁。梁冀十分震惊，认为李固一定会对自己造成威胁，于是再次诬陷李固。

大将军长史吴祐极力反对，对梁冀说："李固的所谓罪恶，是由你造成的，李公如果被杀，你有何面目面对天下人！"

梁冀大怒，拂袖而去。李固最终还是再次被捕，死于狱中。

梁冀派人对杜乔说："最好早点自行了断，可以保住你妻子儿女。"

杜乔不从。第二天，梁冀派人到杜乔门前探听，没有听到哭声，于是马上报告太后，杜乔被捕，也死于狱中。

朝中已经没有大臣能与梁冀抗衡，梁冀的飞扬跋扈也达到了顶点。

汉桓帝和平元年（150年），皇帝下诏加封大将军梁冀封地万户，加上以前的封地，梁冀封地达到三万户。梁冀的妻子孙寿也被封为襄城君。

在中国历史上，孙寿可是个有名的女人。据说她善为妖态迷惑梁冀，她发明了愁眉、啼妆、堕马髻、折腰步、龋齿笑等以为媚惑，别看梁冀在朝廷上威风八面，在孙寿面前却是个乖乖听话的小绵羊。

梁冀对孙寿又爱又怕，原因之一是孙寿色美善媚，还有一个原因就是她手段狠毒，一点不亚于梁冀，而梁冀也有把柄在她手里。

起初，梁冀的父亲梁商献给汉顺帝一个叫友通期的美女。后来友通期犯了一点小过错，顺帝就把友通期还给了梁商。梁商当然不敢留她，就把友通期嫁了出去。梁冀知道之后，派人把友通期抢过来。正好梁商去世，梁冀为父亲守孝，借着这机会他就在城西找了一所房子金屋藏娇，经常跟友通期私会。孙寿知道之后，趁着梁冀外出的机会，带着奴仆抓住友通期，割断她的头发，用刀刮她的脸，痛打一顿，还要上书揭发梁冀的罪行。梁冀十分恐惧，叩头请丈母娘援救，最后终于让孙寿打消了上书的念头。

可是不久梁冀与友通期又旧情复燃，还生了个儿子，起名伯玉。怕老婆谋害伯玉，梁冀就把这个私生子藏在夹壁中。梁冀宠爱的一个奴仆名字叫秦宫，官至太仓令，经常在孙寿住处出入，后来就成了孙寿的情夫。夫妻俩各玩各的，倒也相安无事。

梁冀权势通天，但是贪欲不止。扶风人孙奋是个财主，但是为人吝啬。梁冀送给孙奋几匹马，要求借钱五千万。孙奋知道这钱是不可能还的，但是又不敢不答应，于是就给了梁冀三千万。梁冀大怒，诬告孙奋的母亲盗窃公家的白珠和紫金，于是逮捕拷问孙奋兄弟。最后，两兄弟都死在了狱中，一亿七千万资产全部被没收。

此时的梁冀连皇帝都不放在眼里。凡是四方上贡给皇帝的珍品都要先送到梁冀那里，等他挑选了之后再送给皇帝。梁冀大兴土木建造府邸，他妻子孙寿竟然也在街对面建造府邸，穷极工巧，两口子竟然还互相攀比。史书记载他们的房子都有隐秘的通道通往内室，雕梁画栋，台阁相通，积土为山，飞泉瀑布，深林绝涧，如同自然。外人要进来，必须贿赂门人，他家守门的都积累千金。

梁冀还在河南城西建造了一个兔苑，绵亘数十里，征调属县的劳力修建楼宇，几年才竣工。又从各地调集活兔，剪掉兔子的一些毛作为标志，外人擅自猎兔则有杀身之祸。曾经有一个西域的商人不知道这个禁忌，误杀了一只兔子，后来因此而死的有十多人。梁冀的弟弟曾经派人去打猎，梁冀知道之后也照样抓捕弟弟的宾客，三十多人全部被处死，没有一个生还。

元嘉元年（151年），为了褒扬梁冀册立之功，皇帝大会公卿商议给梁冀特殊待遇。最后决定允许梁冀进入朝堂不必急步走，可以穿着鞋带着宝剑上殿，拜见皇帝可以不称自己的名字。入朝不趋、剑履上殿、赞拜不名，这些在古代都是非常高的礼仪，西汉初年只有萧何享受过这种待遇，东汉末年享受这待遇的则有相国董卓和魏王曹操。当时朝廷百官升职晋爵，都要先到梁冀府邸谢恩，之后再去尚书台。

梁氏一门，前后七人被封侯，出了三个皇后、六个贵人、两个大将军，夫人、女儿被赐予君封号的七人，三人娶了公主，担任卿、将、尹、校的五十七人。梁冀的权势已经达到顶点，可他还是觉得不满意。但是他不知道，自己的末日也近了。

以狼驱虎

下邳人吴树任宛县县令，赴任之前来拜见梁冀，梁冀有宾客在宛县，于是想请吴树特殊照顾。吴树不但拒绝了，还批评梁冀身居高位，未能为朝廷进贤。梁冀很不高兴。吴树到任之后，诛杀了几十个作奸犯科的梁冀的宾客，梁冀震怒。后来吴树担任荆州刺史，上任前与梁冀告别，梁冀命人在酒里下毒，吴树出去之后就死在了车上。

辽东太守侯猛对梁冀也痛恨于心，上任时没有去拜谒梁冀，梁冀借口其他事将侯猛腰斩。

当时才十九岁的郎中袁著，上书弹劾梁冀，他认为应该让梁冀交出权力，远离朝廷。梁冀大怒，派人秘密抓捕袁著。袁著隐姓埋名，远走他乡，但是还是不能逃脱。无奈之下袁著假装死亡，用蒲草编成人形，买棺材"安葬"自己。即便这样也没有骗过梁冀，后来袁著还是被抓住，乱棍打死。

太原的郝絜、胡武是袁著的好友。此前郝絜推荐的海内高士，没有去拜见梁冀，梁冀怀恨在心，于是下令逮捕两人。胡武被灭族，六十多人被杀；郝絜开始逃亡，后来知道自己无法逃脱，用车载着棺材到梁冀门前服毒自杀，以此保全了家人性命。

梁冀的跋扈已经让皇帝感到了威胁。延熹元年（158 年）发生了日食，太史令陈授认为日食的原因是大将军专权，他通过小黄门① 徐璜向皇帝上奏，表明了自己的意见。梁冀大怒，指使洛阳令逮捕陈授，后来陈授死在狱中，皇帝由此发怒。

梁冀败亡的导火线则是文首提到的那次笨拙失败的刺杀行动。

此前掖庭邓香的妻子叫宣，生了一个女儿，起名邓猛。邓香后来去世，宣就改嫁给梁冀妻子孙寿的舅舅梁纪。孙寿把邓猛带入皇宫，成为皇帝的贵人，后来被立为皇后。梁冀为巩固权势，把邓猛改姓梁，当成自己的女儿。这跟当年窦皇后把梁贵人的儿子当自己儿子养一样，邓猛的亲戚肯定是心怀不满的。邓猛有一个姐夫叫邴尊，担任议郎。梁冀认为邴尊会坏自己的好事，就派人刺杀了邴尊。之后梁冀又想把邓猛的生母宣也杀掉，这样邓猛就能安安稳稳地成为梁家人了。于是有了前文说的刺杀事件。皇帝知道此事后大怒，决定对梁冀下手。

可是此时朝堂上大多是梁冀的党羽，桓帝根本找不到援手。桓帝趁上厕所的机会问小黄门唐衡："现在我左右与外戚不和的有哪些人？"

唐衡推荐了单超、具瑗、左悺、徐璜，于是桓帝秘密召集五人商议，五人都同意齐心协力诛杀梁氏。桓帝咬破单超的手臂，出了血，与宦官盟誓，决定剿灭梁氏家族。

梁冀怀疑皇帝要对自己动手，就安插了心腹宦官张恽入宫探听情况。具瑗首先派人抓捕了张恽，借口是随意出入，图谋不轨。桓帝也亲临前殿，召集尚书官吏，揭发了梁冀的罪恶，同时又令尚书令尹勋持节率尚书省官吏军卒手持武器护卫，并把所有的传令符节收起来，提防梁冀调兵。接着让具瑗调集兵马千余人，和司隶校尉张彪一起包围了梁冀的府邸，没收梁冀大将军印绶，改封比景都乡侯。梁冀和孙寿明白，等待自

---

① 小黄门：汉代低于黄门侍郎一级的宦官。泛指宦官。

己的只有一条路，于是当日双双自杀。梁冀的儿子及宗族全部被捕，无论少长全部被诛杀，被牵连的公卿刺史被杀的也有几十人，免官的三百余人，朝廷为之一空。桓帝没收梁冀家族财物，折合三十多亿，全部充公，因此当年天下租税减半，桓帝借梁冀充了一次大方，也算是废物利用了。

同时，宦官单超、徐璜、具瑗、左悺、唐衡因协助桓帝铲除梁冀立功，五人在同一天被封侯，世人称之为"五侯"。

外戚梁冀因为权欲熏心被灭族固然是罪有应得，但是桓帝为了诛杀梁冀而重用宦官也为之后的宦官专权埋下了伏笔。以狼驱虎，外戚的威胁基本解除，宦官的威胁却越来越大，最后成了东汉王朝的掘墓人。

对此，宋朝史学家钱时的分析十分精到：

> 冀之恶甚矣。当时奋不顾身而言之者，非不多且切矣，往往如触忌讳，如捍头目，公卿大臣祸不旋踵，何一太史令之死，而乃由是怒冀邪。呜呼！非为陈授而怒也，为小黄门而怒也。……何者？冀，帝之所党，而宦官则尤帝之所昵比也。此梁氏所以竟族于五侯之手，而五侯专恣之祸所以踵冀而愈烈欤。①

这段话的意思是：梁冀作恶多端。当时奋不顾身揭发其罪行的，不是人数不多，也不是揭露得不深切，但是这些人大多都触犯忌讳，很快招来杀身之祸。为什么一个太史令陈授的死，就让皇帝突然对梁冀发怒呢？皇帝不是因为陈授而发怒，而是因为小黄门而发怒。（陈授曾通过小

---

① 钱时《两汉笔记》。

黄门宦官徐璜向皇帝上奏）……为什么会这样？梁冀是皇帝的党羽，而宦官则是皇帝最亲昵的人。所以梁冀最后死在宦官五侯的手里。梁冀死后，五侯权势达到顶点，他们为祸也就更加厉害了。

东汉朝政基本上就是外戚与宦官轮流掌权，一会儿东风压倒西风，一会儿西风压倒东风。从东汉初年至此，最著名的两家外戚——窦氏和梁氏都曾经权倾一时，但是后来都死无葬身之地，宦官在一次次争斗中始终立于不败之地。梁氏倒台之后，宦官权势更大，而外戚基本上一蹶不振。面对宦官的专横，朝廷的士大夫与外戚联手，希望改变这一现状，于是他们与宦官之间的矛盾又愈加激烈，最后终于酿成了东汉一桩更大的公案——党锢之祸。

东汉双骑画像砖拓

儒臣的大难
——党锢之祸

在东汉，主要的政治力量除了前面提到过的外戚与宦官，还有一支不可忽视的力量就是士大夫。

士大夫是当时官僚机构的主体，也是治国方略的具体实施者，但是他们的地位是尴尬的。

士大夫眼里最看不起的是宦官。因为士大夫认为宦官受过刑罚，已经不能算是男人，甚至在某种意义上已经不能算作是人。而且设置宦官最初就是为了帮助皇帝干一点男人不方便干的事情，其地位是士大夫们颇为鄙夷的。

士大夫第二看不起的就是外戚。因为外戚很多都是凭借女人上位，既无才又无德。何况外戚篡位前面有王莽的先例，所以外戚在士大夫们的眼里也具有了某种程度上的原罪。如果要做个排行榜，士大夫的排行榜无疑是将自己放在第一位，其次是外戚，最次是宦官。可惜，皇帝心中的排行榜恰好相反。

东汉中后期多次出现少主执政的情况，这些即位时才十几岁甚至几岁的孩子，其成长期陪伴最多的就是宦官，感情最深的也是宦官。所以在皇帝眼里，宦官地位绝对是第一的，其次才是外戚，最次才是士大夫。所以前面提到梁冀专权嚣张到如此地步，士大夫们纷纷上书控诉都无济于事，可是一旦梁冀惹到了一个宦官小黄门，那么他的末日也就来临了。

皇帝跟宦官如此亲昵，还有一个原因，就是有的皇帝本身就是宦官拥立的，比如汉顺帝刘保。

曲折的登帝之路

元兴元年（105 年），汉和帝驾崩了。

此前，皇帝的十几个皇子都夭折了，为了以防万一，后来生的皇子都秘密养于民间，大臣很多都不知道。此时，邓皇后就把民间的皇子领进了宫。和帝的长子叫刘胜，据说有治不好的疾病，于是被排除在考虑之外，而册立了小皇子刘隆，此时刘隆刚满百日。

册立婴儿刘隆的用意很明显：邓皇后想立一个小皇帝以便自己掌权。但是这个婴儿的健康状况也不是很令人放心，于是邓皇后（此时已是太后）又准备了第二套方案。

小皇帝（殇帝）刚刚即位，清河王刘庆、济北王刘寿、河间王刘开、常山王刘章被命令回到封国。但是邓皇后对清河王刘庆特别欣赏，把他的儿子刘祜留在了京师，这时候刘祜十三岁。

邓太后的担忧不是没有道理的，殇帝即位还不到一年就夭折了。于是邓太后与哥哥邓骘秘密商议，将刘祜立为皇帝，这就是汉安帝。

汉安帝年少的时候聪明伶俐，长大之后却胡作非为。邓太后在世时他对太后唯唯诺诺，邓太后一去世，安帝在他乳母王圣的唆使下开始清算邓家，结果大将军邓骘和儿子邓凤被迫自杀。

邓太后戒饬宗族（清焦秉贞绘《历朝贤后故事图》）

邓骘虽然是外戚，但是一生谨小慎微，谦虚退让，所以名声很好。邓骘无辜自杀引起了很多人的不满。大司农（相当于财政部部长）朱宠十分愤怒，抬着棺材上书为邓骘鸣冤。很多人纷纷响应。安帝这才觉得自己做得有些过了，下诏让邓骘安葬在北邙山。但是他对乳母宦官等人的放纵一点没有收敛。

宦官江京曾经到府邸迎接安帝即位，安帝对他十分感激，所以封他为都乡侯，封宦官李闰为雍乡侯，都担任中常侍。而江京和李闰就勾结其他宦官如樊丰、刘安、陈达以及乳母王圣的女儿伯荣，这些人贪污纳贿，为非作歹，闹得乌烟瘴气。

太尉杨震多次上书指陈时弊，但是皇帝都置之不理，还封王圣为野王君。宦官们看杨震的上书没有丝毫作用，胆子更大了，甚至假造诏书，调发司农府里的财物，为自己大起宅邸。杨震再次上书，皇帝对杨震更生愤怒，但是碍于杨震名望太重，一时不好下手。

后来皇帝东巡，杨震太尉府的属官高舒追查宦官和伯荣私起宅邸的事情，拿到了重要的证据——宦官们假造的诏书，准备等皇帝回京就上奏。樊丰等人十分恐惧，正好太史令说星象显示异常，有星逆行，于是宦官们一起诬陷说这是杨震的过错导致的。因此安帝刚回到京师就派人去没收杨震的印绶，随后命令他回乡。满怀悲愤的杨震在路上愤然自杀了。

杨震的死让朝臣为之缄口，宦官更加肆意妄为了。

王圣、江京、樊丰等人先诬陷太子的乳母王男和厨监邴吉等人，杀掉了他们，把他们的家属都流放了。太子十分思念王男、邴吉等人，经常叹息，江京和樊丰等人害怕留后患，决定废掉太子，于是假造罪名诬陷太子。太仆来历和太常桓焉等据理力争，但是安帝不为所动。延光三年（124年），太子被废为济阴王，居住在德阳殿西钟下。这位太子就是刘保，他被废的第二年，皇帝就去世了。

汉安帝是在去章陵祭祀途中去世的，他的去世给阎皇后和她的兄弟阎显、阎晏等带来了巨大的恐慌。皇帝突然驾崩，济阴王刘保又在宫里，万一百官拥立刘保，自己的地位就岌岌可危。因此皇后与阎显兄弟以及江京、樊丰等宦官秘密商议，决定秘不发丧，假称皇帝病重，星夜回到京师，之后才宣布皇帝去世的消息。为了保住自己的权力，阎皇后采取的是和邓皇后同样的策略，迎立济北惠王的儿子北乡侯刘懿为皇帝，这是在延光四年（125年）的三月。

济阴王因为被废黜，所以被禁止参加先皇的悼念仪式，他大声悲号不吃饭，见到的人无不心酸。

可惜，北乡侯的寿命也很短促，三月即位，十月就去世了。他在位只有二百多天，以至于很多史学家都不将他计入东汉皇帝之列。

北乡侯去世之后，阎皇后和阎显仍然秘不发表，而是派人去征召各位皇子。为了防备万一，他们紧闭宫门，屯兵自守。

这时候中常侍孙程找到济阴王的谒者长兴渠商议，他们认为济阴王被废本来就是樊丰等人的阴谋，皇帝是听信了谗言，而北乡侯看样子活不长，不如举事立济阴王为皇帝。长兴渠当然十分赞同，之后他们又联合了王康、王国等人，准备一同起事。孙程、长兴渠、王康、王国以及黄龙、彭恺等十余个宦官在西钟下秘密集会，他们截下自己的单衣盟誓，决定拥立济阴王。

当天晚上，孙程等人冲入章台门，江京、刘安、李闰、陈达等人正坐在门下，孙程等当即斩杀了江京、刘安、陈达。因为李闰在宫内有一定的威望，于是孙程等人持刀胁迫李闰要求一同起事，李闰当然同意。

此时阎显还在宫里，吓得不知道怎么办。小黄门樊登劝他以太后诏书召越骑校尉冯诗保卫自己。冯诗佯装答应，然后说仓促被召，所带兵少，请求回营调兵。阎显答应了，让樊登跟着一起去调兵。冯诗出宫之后就杀掉了樊登，回到军营闭营自守，不再听阎显的召唤。

阎显的弟弟阎景得到消息，马上带兵到盛德门。孙程派尚书郭镇带兵抓捕阎景，正好与阎景军队遭遇，阎景手下大喊"不要挡住军队"。郭镇下车持节宣读诏书，阎景大怒，挥剑砍郭镇，没有砍中，反而被郭镇一剑刺中掉下车。左右士兵用戟叉中阎景胸膛，抓住他关入监狱，当夜阎景就死了。

之后，济阴王在兵士簇拥下进入嘉德殿，派御史没收阎显和他弟弟的印绶，将其投入监狱诛杀，家属流放。太后也被迁到离宫。济阴王正式即位，这就是汉顺帝。

汉顺帝能取得帝位，全依仗宦官，因此他对宦官是感恩戴德。孙程等人都被封为列侯，孙程食邑万户，王康、王国食邑九千户，其他的人也各自得到不同的封赏。宦官权力之大，连皇帝也不放在眼里了。

永建元年（126年），顺帝即位的首席功臣孙程还嫌自己封赏不够，上殿争功。皇帝大怒，免去了他的官职，把孙程和其他拥立自己的功臣改封偏远地区，并命令他们即刻回封地。孙程被改封为宜城侯，他回到封地后对皇帝十分愤恨，居然封还了印绶、符策，逃回了京师，在附近山里过起了逍遥自在的日子。孙程如此大胆无礼，汉顺帝不但不生气，反而做起了自我检讨，觉得自己有些过分了。于是下诏恢复孙程原来的封地，还赐给他车马衣服，让他回到封地。仅仅两年后，皇帝就又让这些宦官回到自己身边。

从汉和帝到汉顺帝，皇帝一个个地换，外戚一家家地倒，宦官的权力却是一天天增强，几乎立于不败之地。而如果探究东汉宦官专权的源头，我们会发现，宦官掌权其实从汉和帝诛杀窦宪的时候就开始了。

士大夫的道德洁癖

前文说过，汉和帝时，外戚窦宪专权，皇帝心中十分不满。但是苦于不知道朝臣谁可以信任，皇帝就只有找到中常侍郑众，最后合谋诛杀了窦宪。

窦宪败后，郑众被封为大长秋。郑众为人还比较谦逊，皇帝论功行赏，他总是辞让，于是更加得到皇帝的信任，皇帝经常跟他一起商议国家大事，而宦官掌权也就从这时候开始了。之后如我们熟悉的造纸术的改进者蔡伦也是一个手握重权的宦官，曾经被封为龙亭侯，食邑三百户。蔡伦之败，是因为他曾经接受窦太后暗示，陷害安帝的祖母宋贵人。后来窦太后去世，蔡伦失去了靠山，汉安帝亲政，下令让蔡伦去廷尉那里交代情况。蔡伦知道末日已至，于是沐浴整理衣冠，服毒自杀了。

汉顺帝复位也完全依靠宦官，因此他对宦官也格外宠信，除了封给他们高官显爵，还极力为他们解除后顾之忧。众所周知，宦官是没有子嗣的，于是很多宦官都收了养子。但是养子毕竟不是亲儿子，在当时是不受法律保护的。不过皇帝很贴心，阳嘉四年（135年）二月，顺帝下诏，允许宦官养子承袭爵位，这对宦官来说简直是天大的好消息，顺帝对宦官之恩宠可见一斑。

面对宦官的专权，很多大臣上书劝谏，皇帝都置之不理。看到这一切，聪明的人马上调转风向巴结宦官。就连前面提到的著名外戚梁商，因为看到宦官曹节掌权，都让自己的儿子梁冀和梁不疑去跟他们交往，希望能够得到一些好处。谁知道宦官并不领情，梁冀一门最后还是灭在了宦官手中。

汉桓帝即位后，依靠单超等宦官诛杀了外戚梁冀，因此皇帝仍然十分信任宦官，经常过分封赏，这激起了很多大臣的不满。名臣陈蕃上书极谏，皇帝似有所感悟，因此采纳了陈蕃的一些建议，这让很多大臣欢欣鼓舞。

有一次皇帝问侍中爰延："你觉得朕是怎样的皇帝？"

爰延回答："陛下是中等皇帝。"

皇帝问原因，爰延回答："陛下信任中书令陈蕃就政治清明，任用中常侍黄门这些宦官就政事混乱，由此可知陛下能够做正确的事情，也会做不正确的事情。"

皇帝听后不但不生气，还认为爰延能直谏，对他更赏识了，甚至自此之后，对宦官专权也有了一些约束。

大宦官侯览的哥哥侯参任益州刺史。侯参为人残暴贪婪，聚敛无度。延熹八年（165年），太尉杨秉上奏朝廷，抓捕侯参，用槛车送他回京。侯参在路上自杀了。起初皇帝十分震怒，派大臣诘责杨秉，却被杨秉反

—李膺像—

问得无言以对，最后皇帝只好下诏免去侯览的官职。

但是如果以为宦官从此会一蹶不振，那就太天真了。

这年三月，宛陵的豪族羊元群从北海郡卸任。这个羊元群的贪婪更加惊天地泣鬼神，他不仅贪污钱财，甚至连厕所都要贪污！北海郡官舍的厕所里摆设的奇巧之物，全用车载了带回家！河南尹李膺知道后追查此事，羊元群重金贿赂宦官，居然将李膺送进了监狱，李膺最后被判处劳役。

李膺被判刑之后，太尉陈蕃极力上奏皇帝为李膺及其他被陷害的士大夫鸣冤。最后李膺终于被释放，被任命为司隶校尉。

免除了牢狱之灾的李膺并没有因为先前的遭遇而改变初衷。上任之后，他继续不畏权贵，严厉打击宦官强权。当时宦官张让的弟弟张朔担任野王县令，贪残无道，甚至杀害孕妇，因为害怕被李膺惩治，他逃到京师，躲在张让家的空心柱子中。李膺知道情况后，率手下打破柱子揪出张朔，交付洛阳监狱，审理完毕后就将他处死了。张让向皇帝鸣冤，桓帝召来李膺责问，李膺据理力争，皇帝也无话可说。

从那以后，宦官们屏息敛气，小心谨慎，放假都不敢出宫。皇帝问他们原因，都说"害怕李校尉"。李膺也成为当时士大夫的领袖。当时的士人一旦得到李膺的肯定，就被视为"登龙门"。

当时同样有名的还有王畅等人，这些士人领袖经常一起品评人物，成为后来魏晋品评人物的发端。士人们非常看重这些评论，更害怕遭到恶评。当时的人给李膺、陈蕃、王畅作歌谣说："天下模楷李元礼，不畏强御陈仲举，天下俊秀王叔茂。"而士大夫当中还有"三君""八俊""八顾""八及""八厨"等称号。

"三君"指的是窦武、刘淑、陈蕃，意思是三人是世人的榜样；

"八俊"指的是李膺、王畅等八人，意思是人中英杰；

"八顾"指的是郭林宗、范滂、宗慈等八人，意思是道德可以作为他人榜样；

"八及"指的是张俭、刘表等八人，意思是可以引导他人学习；

"八厨"指的是度尚、张邈等，意思是可以不惜家财救人。

由此可见，当时的士大夫们已经形成了各种各样的集团。这种集团，古人就叫"党"。

古文中"党"的常用义是古代一种地方组织，五百户人家为一党，后来引申为朋党、同伙等义。结党在古代是大忌，因为很容易让人想到营私。《尚书·洪范》说："无偏无党，王道荡荡。"意思是不偏向一方，不组织小团伙，王道之路就坦坦荡荡。孔子也说过："君子群而不党。"意思是君子善于团结人，但是不结党营私。

由此可见，结"党"是古代士人很忌讳的，但是东汉的这些士大夫不但结党，还有了各种各样的名目，这也为他们后来的败亡埋下了伏笔。

而党锢之祸的另一个原因则是士大夫们的道德洁癖。士大夫结党是为了对抗实力强大的宦官，但是在具体事务上，一些人太过于疾恶如仇，在一些事情的处理上过火，不仅构成实质上的枉法，也成为宦官打击士大夫的口实。

宛城有一个叫张泛的富豪，跟宦官有亲戚关系，又善于做一些精美的玩物，他拿这些玩物贿赂宦官，因此被提拔当官，横行霸道，成为乡里一害。官员成瑨抓捕了张泛。刚抓了人，结果就遇上朝廷大赦。按理应释放所有囚犯，但成瑨没有理会这些，还是把张泛杀了，并且诛杀了张泛的宾客、宗族两百多人，之后才上奏朝廷。小黄门宦官赵津也是贪暴横行，被平原太守刘瓆抓捕，也在大赦后被诛杀。于是中常侍侯览指使张泛的妻子上书鸣冤，宦官也趁机诬陷两人，皇帝大怒，把成瑨和刘瓆扔进监狱，判处弃市死刑。

山阳太守翟超任命张俭为东部督邮。大宦官侯览家在治所内胡作非为，残暴百姓。侯览为母亲建坟墓超过规制，张俭上奏章举报，结果奏章中途被侯览拦截。宦官徐璜的侄子徐宣担任下邳县令，十分暴虐。他曾经想要娶前汝南太守李暠的女儿未能如愿，后来竟然带人冲进李暠家，把其女儿抢出来用乱箭射死。东海相黄浮大怒，抓捕了徐宣和其家属，全部下狱拷问。手下劝他不要这样做，黄浮说："徐宣是国贼，我今天杀了他，明天因此而死也足以瞑目！"然后判决徐宣弃市，并把他的尸体放在路边示众。宦官向皇帝鸣冤，翟超、黄浮都被判处劳役。

河内有个叫张成的人善于阴阳历算，他经常凭这个与宦官们交往，连皇帝也颇为相信他的占卜。张成推断很快就要大赦，于是唆使他的儿子杀死仇人，司隶校尉李膺督促抓捕了他儿子，果然很快朝廷发布了大赦令。这时候李膺的道德洁癖症也犯了，他不顾朝廷赦令，还是把张成的儿子杀了。

士大夫们的道德洁癖固然是因为他们疾恶如仇，但是也使他们作为执法者知法犯法，这就给了宦官们口实。宦官指使人上告皇帝，说士大夫们"养太学游士，交结诸郡生徒，更相驱驰，共为部党，诽讪朝廷，疑乱风俗"。

这是宦官第一次将"结党"作为士大夫们的重要罪状。这一招果然有效，皇帝接到奏章后大怒，下诏要天下郡国逮捕党人，布告天下。太尉陈蕃表示反对，认为这些被指控的人都是国家栋梁，声誉很高，甚至说这些人即便是犯了罪都要宽恕十代，怎么能没有明确罪名就抓捕。皇帝更加气愤，直接把李膺等人投入宦官管理的黄门北寺狱，拷问之下牵连到御史中丞陈翔以及陈寔、范滂等两百余人，全部重金悬赏抓捕。

皇帝在全国范围内搜捕党人，被指控的人中有的改名换姓逃跑了，陈寔却自己到监狱请求监禁。范滂也被关进了监狱，狱吏对他说："凡是被监禁的都要祭祀皋陶。"范滂说："皋陶是古代正直的大臣。他知道我无罪，一定会向皇帝辩明我的冤屈；如果我有罪，祭祀他又有什么用处？"

大批党人入狱，天下震动。陈蕃多次上书辩冤，皇帝厌烦了，干脆把陈蕃免官了事。

陈蕃有句话说得很正确，就是当时的党人基本上都是天下著名的贤人，声誉极高。所以当时的士大夫们甚至以被列入"党籍"而自豪，没被列入的有些还感到不平。度辽将军皇甫规就没有被抓，这让他很是不平，于是上书朝廷说自己也是党人，可是朝廷没有理他。

陈蕃被免职之后，朝廷大臣没人再敢为党人说话。为了对抗宦官，士大夫们抓住了最后一根稻草——外戚。

于是一些官员找到外戚槐里侯窦武，他是窦皇后的父亲，也是三君之一。士大夫们劝说他为党人鸣冤。窦武对宦官专权也是切齿痛恨，于是上了一本言辞恳切的奏章，同时把自己的城门校尉、槐里侯印绶上交皇帝，以辞职相逼。皇帝看了奏章之后颇有醒悟，于是派出宦官王甫到监狱去审讯党人。

此时被捕的党人都戴着枷锁手铐脚镣被关押，王甫提审范滂，质问他："你们互相推荐提拔，互为唇齿，究竟想干什么？"

范滂回答："孔子说：'见善如不及，见不善如探汤。'我就想让善的一起归于清明，让恶的一起归于污秽。我以为这是朝廷愿意看到的，却不知道这被指为结党。古人修善是自求多福，现在修善却要身陷囹圄，有杀身之祸。我死之后，请把我埋在首阳山边，上不辜负皇天，下不愧对伯夷、叔齐。"

范滂的慷慨陈词连王甫都深受感动，他脸色为之一变，立即下令解除党人们的刑具。

与此同时，狱中的李膺等人在招供中牵连了很多宦官子弟，宦官们自己也害怕了，于是对皇帝说应该大赦。

东汉宦官对皇帝说的话跟枕头风的功效是一样的，于是皇帝决定听从建议。延熹十年（167 年）的六月，汉桓帝下诏大赦天下，改元永康。被抓捕的两百多名党人全部放归田里，但是将他们的名册记录在三府，永远不能为官。

这就是第一次党锢之祸。

鱼死网破

第二次党锢之祸发生在汉灵帝时期。

永康元年（167 年）十二月，汉桓帝驾崩。窦武跟御史中丞刘条商议立河间孝王曾孙解渎亭侯刘宏为帝，是为汉灵帝，刘倏为光禄大夫，窦武为大将军，陈蕃为太傅。

窦武是窦太后的父亲，窦太后被立为皇后的时候陈蕃出了不少力，因此太后对陈蕃十分信任，政事都委任给陈蕃。陈蕃也和窦武齐心协力，努力治国。但是汉灵帝乳母赵娆跟一帮女官在入宫后迅速与宦官曹节、王甫等人结成了同盟，经常借太后名义封官，陈蕃很不满意。

一次朝会时，陈蕃悄悄对窦武说："曹节、王甫等宦官，从先帝时候起就操持国柄，祸乱海内，如果不诛杀，以后一定难以对付。"窦武十分赞同。陈蕃十分高兴，于是与尚书令尹勋等人一起谋划诛杀宦官。

可是，士大夫们的道德洁癖症又犯了。

不久发生日食，陈蕃建议窦武趁机将日食罪责推到宦官身上，罢免他们。窦武便向太后请示，建议诛杀所有宦官。太后说："大汉建立以来使用宦官是旧例。如果宦官有罪，诛杀有罪的即可，为什么要全部诛杀？"

当时宦官中常侍管霸权势很大，窦武就先奏明抓捕管霸，诛杀了管霸和中常侍苏康等人后，窦武又请求诛杀曹节等宦官，太后犹豫不决。陈蕃也上书请求诛杀宦官，太后没有接纳。

侍中刘瑜精通天文，他观测到星象异常，将不利于将相。他上书提醒太后，又给窦武、陈蕃写信说应该早定大计。于是窦武和陈蕃决定动手。

窦武首先把一些重要岗位换上自己的人，又罢免了黄门令魏彪，让自己信任的宦官山冰取代。又让山冰抓捕长乐尚书郑飒入狱，陈蕃劝窦武立即杀掉郑飒，窦武没有听从。

郑飒的供词牵连到了曹节、王甫等，这正是窦武想要的。他立即写奏章，让刘瑜上奏太后。

但是一个小差池使窦武、陈蕃所有的努力毁于一旦，也酿成了汉朝历史上士大夫最惨烈的一次灾难。

这一天窦武离开官署回府休息，负责文书的官员不知道内情，把窦武要上奏的事情告诉了宦官长乐五官史朱瑀。朱瑀内心狐疑，偷偷打开窦武的奏章，看了之后大骂说："宦官违法妄为的自可诛杀，我们有什么罪，竟然要全部灭我们的族！"于是大呼："陈蕃、窦武上奏太后要废掉皇帝，大逆不道！"

当夜，朱瑀招来一向亲近的共普、张亮等十七位健壮的从官歃血为盟，谋划诛杀窦武、陈蕃。

曹节知道消息之后，首先控制住了皇帝，然后招来尚书官属，以刀剑胁迫他们写诏书，拜王甫为黄门令，持节到北寺狱，抓捕尹勋和山冰。山冰狐疑，不接受诏书，王甫当即斩杀了他，并救出了郑飒，之后派兵劫持了太后，夺取了玺绶。王甫命令郑飒等持节抓捕窦武。窦武拒绝接受诏书，飞马入兵营和侄子窦绍一起射杀使者，发兵与宦官作战，但事实上为时已晚。

陈蕃知道消息后，意识到大势已去，于是上演了党锢之祸中最惨烈的一幕。他带着手下和学生八十多人抽刀冲进承明门与宦官拼命，寡不敌众，最后被俘，当日被杀。

当时护匈奴中郎将张奂刚刚带兵从西域回来，对这场争斗完全不知情。曹节诱骗张奂加入自己阵营，宦官力量大为增强。当夜，宦官军队与窦武军队在宫门前对峙。宦官军士大呼说："窦武造反，你们都是禁军，应该保卫皇宫，为什么跟随反贼？"

听到喊声，窦武军士很多都投降了，到第二天中午，窦武手下几乎没剩下兵。无奈之下，窦武和窦绍逃走，最后被追兵包围而自杀。

陈蕃、窦武死后，宗族、亲戚、宾客都被诛杀。曾经被他们推荐的人，以及门生和老下级都被免官，禁止再踏入官场。

至此，士大夫已经一败涂地，无可挽回。于是很多人选择用生命捍卫自己最后的气节。

议郎巴肃最初参与了窦武等的谋划，但是曹节等人不知道，只是免了他的官。后来知道了，就派人去抓捕。巴肃知道之后，自己乘车来到县衙，县令看见巴肃之后把他请进内室，解除自己的印绶，打算跟他一起逃亡。巴肃说："做臣子的，有谋划不应该隐瞒，有罪不应该逃亡。我已经隐瞒了自己的谋划，又怎么敢逃避刑罚！"于是巴肃被处死。

李膺曾被废黜，后来由于陈蕃、窦武的推荐担任司隶校尉，陈蕃、窦武死后他又被废黜，但是宦官还是对他恨之入骨。有人对李膺说："您应该逃亡。"

―范滂像―

李膺说："遇到事情不推辞灾祸，有罪不逃避刑罚。何况我六十了，生死有命，我能去哪里呢？"

于是李膺自己到诏狱自首，最后被拷打致死。

汝南督邮吴导受诏命去抓捕范滂。到了之后，他抱着诏书把自己关在驿站里，趴在床上大哭，人们都不知道为什么。范滂听说之后，说："这肯定是因为我。"于是自己去驿站自首。

县令郭揖大惊，解去印绶要和范滂一起逃亡。范滂说："我死了大祸就平息了，何必牵累您！还让老母流离失所！"

范滂的母亲跟范滂诀别，范滂大哭说："我放不下的就是母亲大人，请您不要悲伤！"

范滂母亲说："你现在与李膺、杜密这些人齐名，死了又有什么遗憾！已经有了好名声，又想长寿，怎么可能！"

八百多年后，北宋苏轼读《范滂传》的时候对母亲说："我想成为范滂那样的人！"母亲程夫人说："你能成为范滂，难道我就不能成为范滂的母亲吗？"

在宦官大肆抓捕党人的腥风血雨中，也有人选择了逃亡。张俭就是如此。

张俭一向有很高的名声，他的逃亡之路后人形容为"望门投止"，意思是看到有人家就去寻求庇护，而当时的人们也都愿意收容他。他到东莱的时候，被李笃收留。外黄县令毛钦带着武器上门来抓捕，李笃请毛钦坐下，说："张俭负罪亡命，我怎么可能藏匿他？如果他的确在此，张俭是海内高士,您难道应该抓捕他吗?"

毛钦站起来抚摸着李笃肩膀说:"春秋的蘧伯玉以独自做君子为耻,您怎么要独占仁义啊!"

李笃说:"我现在就想分享,您现在就拿走一半了。"

毛钦叹息着离开。

张俭最后在李笃的指引下逃出了边塞,但是收留过他并因此被追兵诛杀、灭族的人家数以十计,甚至整个郡县因此残破不堪。

同为党人的夏馥听说张俭的事情后很不以为然,说:"自己作孽,却要牵累良善,一个人逃跑,给万家带来灾祸,这样的人还活着干什么?!"

面对追捕,夏馥采用的方法是剪去胡须,改变外貌,隐姓埋名给人家当用人,最后终于保住了性命。

党锢之祸其实是东汉王朝的丧钟。

汉桓帝、汉灵帝之前,虽然有宦官外戚专权,但是由于士大夫主持大局,因此朝政还算走在正轨上,士大夫、豪强也是心向朝廷。经过两次党锢之祸后,士大夫不是被杀就是被禁锢,此时另一个制衡因素外戚也被宦官剿灭,因此宦官势力更加强大,他们为所欲为,残害百姓。终于在中平元年(184年)爆发了黄巾起义。所以汉桓帝、汉灵帝时期也被认为是东汉走向灭亡的时期。诸葛亮在《出师表》中也说:"先帝在时,每与臣论此事,未尝不叹息痛恨于桓、灵也。"

黄巾起义爆发后,汉灵帝怕党人投向黄巾军一边,于是在这一年夏天宣布大赦天下。而党人真正被平反,则是在五年之后的中平六年(189年),汉灵帝去世,董卓掌权,废掉了少帝立汉献帝,派遣使者祭吊窦武、陈蕃等人。此时距离他们被杀已经过去了二十多年。而曾经盛极一时的东汉,终于走到了帝国的黄昏。

东汉的丧钟
——董卓之乱

罗贯中《三国演义》第一回开篇就有一段带有奇幻色彩的描写：

> 建宁二年（汉灵帝年号，169年）四月望日，帝御温德殿。方升座，殿角狂风骤起。只见一条大青蛇，从梁上飞将下来，蟠于椅上。帝惊倒，左右急救入宫，百官俱奔避。须臾，蛇不见了。忽然大雷大雨，加以冰雹，落到半夜方止，坏却房屋无数。

虽说《三国演义》"七史三虚"，不过这一段倒不是罗贯中杜撰，而是历史有明载的。《通鉴纪事本末》卷八就记载：

> （建宁）二年夏四月壬辰，有青蛇见于御坐上。癸巳，大风，雨雹，霹雳，拔大木百余。

皇帝御座上莫名其妙出现青蛇，这事对东汉朝堂震动极大。汉灵帝下诏让公卿讨论此事。大司农张奂率先上书说是因为窦武和陈蕃忠心为国结果被诛杀导致的，应该为他们平反。窦武和陈蕃的死，张奂是有责任的。他当时刚从边地回来，被宦官欺骗去镇压党人，这事令他悔恨终身，此时他也想借青蛇事件为自己赎罪。皇帝本来很赞成张奂的说法，但是他把这事跟宦官一商议，张奂的建议毫无悬念地被否决了。

郎中谢弼上书说蛇是女子的象征，御座出现青蛇，是因为党锢之祸后窦太后被幽禁，伤害了天地和气。同时谢弼也为陈蕃鸣不平，认为他勤心王室，却被诛灭。光禄勋杨赐也赞同他们的观点。

其实，在大臣们心中还有一个隐隐的恐惧没敢说出来。

大约四百年前，汉高祖刘邦斩蛇起义，《史记》里说，刘邦斩杀拦路白蛇后，不久他的手下遇见一个老妇人在路边哭泣，上前询问，老妇人说："我儿子是白帝的儿子，刚刚被赤帝的儿子杀了，所以哭泣。"

大汉王朝因刘邦斩白蛇而兴，而此时青蛇出现在御座之上，很多人心里觉得，这也许是四百年大汉王朝终于要走到尽头了。

导火索——何进之死

尽管大臣们极力劝谏，但是汉灵帝未接纳他们的任何建议。因为此时他心中信赖的并不是士大夫们，而是宦官。

汉灵帝对宦官十分宠信，曾经突破常规一次册封了十二个中常侍，史称"十常侍"。这十二个宦官中，他最宠信的是张让和赵忠，他曾经说："张常侍是我公，赵常侍是我母。"认宦官为父母，汉灵帝可以算古今帝王唯一一个了。党锢之祸中，士大夫与外戚联手想剿灭宦官，结果惨败。从此宦官更加气焰熏天。借着皇帝的恩宠，他们贪权纳贿，大兴土木为自己建造豪华宅院。有一次汉灵帝想登高看看风景，宦官们怕皇帝看到自家的豪宅心生不满，于是欺骗汉灵帝说："王者不能登高，登高则百姓离散。"汉灵帝居然相信了，从此再没有起过登高的念头。

当然说汉灵帝完全是宦官教坏的也不太公平。在吃喝玩乐、拼命敛财这方面，汉灵帝可是无师自通的。

汉灵帝对国家大事没有什么兴趣，对于贩夫走卒的生活却十分向往。他在后宫修建了一个市场，让宫女们负责采购买卖，还引入了盗窃、抢地盘、商家竞争等机制，和真的市场没有两样。汉灵帝则穿着商人的衣服在里面亲自做生意、宴饮，玩得不亦乐乎。这完全就是一个实景真人版的《大富翁》。他还喜欢养狗，让狗戴上官员的进贤冠，还佩戴上印绶，官员们看了也敢怒不敢言。有一段时间皇帝厌倦了马车，于是弄来四头驴驾车。汉灵帝亲自操着缰绳驾驶驴车在宫里自由驰骋。皇帝的爱好被其他人争相仿效，一时间京师的驴价暴涨。

国事萧条，皇帝又如此耽于享乐，用度必然吃紧。汉灵帝也有办法，索性公开标价出卖官爵！当时一个关内侯售价五百万钱，其他的官职和爵位也都有相应的标价。到后来，官员调动、升迁都要交钱，名叫"助军钱""修宫钱"。大郡长官调任甚至需要交两三千万！于是出现了这样一幕奇景：官员上任前，必须到西园去讨价还价，交钱，然后才能出发。一些品格高尚不愿贪污的官员宁愿不当官，但是朝廷会逼迫他们上任，因为每个职位都是一部提款机，朝廷当然不会轻易放弃。

中平六年（189年），汉灵帝想任命名臣羊续为太尉。羊续是出了名的清官，他担任南阳太守的时候，一次府丞给他送来一条鲜鱼，羊续接受了却把鱼悬挂在庭中。不久府丞又送他一条鱼，羊续就把之前悬挂的鱼给他看，府丞看到之后只好打消了念头。后来人们就以"悬鱼"代指为官清廉。不过在灵帝眼里，不管清官贪官，在交钱上是一视同仁的。太尉属于三公，当时被任命为三公的，必须向西园交钱千万，由宦官监督执行。羊续让使者坐在自己破旧的席子上，把自己的旧袍子给他看，说："臣的财产，就只有这个了。"

使者回去报告灵帝，灵帝很不高兴，但是羊续名声太大，不好责罚，就改任他为太常了事。

但是其他官员就没有那么好的运气了。当时一个叫司马直的人被任命为巨鹿太守，因为他向来有清廉的名声，朝廷对他还比较"优待"，给他打了三百万的折扣，但是司马直还是无法付清。司马直长叹说："为民父母，竟然要剥削百姓来达到朝廷的要求，我不忍这样做。"于是他以疾病为由辞官，可是朝廷不允许。司马直被迫上路，走到孟津的时候他愤然上书陈述朝廷的黑暗，然后服毒自杀了。

像司马直这样有良知的官员肯定是少数，大多数还是乖乖掏钱买官了。这样买来的官位，官员上任后必然敲骨吸髓，拼命捞回成本，因此百姓的日子更加苦不堪言，终于在中平元年（184年）爆发了黄巾起义。

国事越来越不可收拾，宦官的权势也越来越大，令人侧目。终于在东汉末年，爆发了外戚、士大夫与宦官的最后一次对决。这次登场的外戚名叫何进。

何进，字遂高，南阳人，光武帝的同乡。他的同父异母妹妹入宫成了灵帝的贵人，于是他被封郎中，后来升任虎贲中郎将，颍川太守。之后，何贵人被立为皇后，何进也被拜为侍中、将作大匠、河南尹。

黄巾起义爆发后，何进被任命为大将军，驻扎在都亭。此时何进总揽左右羽林军，权力极大。在他的安排下，汉灵帝在平乐观举行了一场盛大的阅兵式。何进在操练场上筑起了一个高高的坛，上面竖立十二重五彩华盖，高十丈；在东北筑一个小坛，竖立九重华盖，高九丈。阅兵式开始，皇帝自称"无上将军"，站在大坛上，大将军何进站在小坛上。数万军士排列整齐，接受皇帝和大将军检阅。汉灵帝着实过了一把将军瘾。

但是这次阅兵也让汉灵帝增加了一块心病：何进兵权太大了。事实上在这次阅兵的两个月前，为了分散何进的兵权，汉灵帝就下诏设置了西园八校尉，任命他信任的宦官蹇硕担任上军校尉，统领其他七校尉。在西园八校尉中，有两个人后来成了历史上的风云人物，一个是担任中军校尉的虎贲中郎将袁绍，一个是担任典军校尉的议郎曹操。虽说蹇硕算是他们的顶头上司，但是这两个人内心其实向着何进，袁绍更是何进的心腹。灵帝想以此限制何进，没想到却让他的实际势力更大了。

汉灵帝的何皇后生了皇子刘辩；王贵人生了皇子刘协，由董太后抚养。大臣曾多次上书请求灵帝立太子，灵帝觉得刘辩过于轻佻，想立刘协，但是何皇后的哥哥何进又手握重权，因此灵帝一直迟迟不能做决定，一直到他死也没定下来。

中平六年（189年），汉灵帝病重。临死之前，灵帝将皇子刘协托付给蹇硕，让他拥立其为帝。蹇硕接受了顾命，决定先诛杀何进再立刘协，于是假传诏书让何进进宫。何进进来后，蹇硕的手下潘隐跟何进是故交，于是找机会给何进使眼色，让他赶快逃跑。何进大惊，急忙逃出宫，集合兵马，拥立刘辩即位，是为汉少帝，何进与太傅袁隗共同辅政。袁隗是安国康侯袁汤的儿子，名臣袁逢的弟弟。他有两个侄儿，一个叫袁绍，一个叫袁术。

蹇硕知道何进下一步必然会收拾自己，决定先下手为强。他跟中常侍赵忠等商议除掉何进，谁知道赵忠并不想跟他一起冒风险，还和中常侍郭胜一起向何进告了密。何进派兵诛杀了蹇硕，夺取了他的兵权。

蹇硕被杀后，袁绍劝说何进诛杀剩下的宦官，何进赞成这个决定，但是内心又犹豫不决。加上何太后觉得诛杀所有宦官实在不妥，因此何进迟迟没动手。

袁绍知道，如果还不动手，迟早会让宦官抢占先机，心急如焚的他给何进出了一个改变历史走向的馊主意：多招四方猛将带兵入朝，以此胁迫太后同意诛杀宦官。头脑简单的何进同意了袁绍的主意。主簿陈琳劝谏说:"将军总揽军权,要扫除宦官就像巨大的洪炉燎毛发一样容易,何必外请强兵?而且大军聚会,强者为雄,这就像倒持干戈,授人以柄,成功是没有指望的,而且会成为动乱的开始。"

典军校尉曹操听说了也大笑说:"宦官设置,古今都有。问题在于皇帝不应该给他们太大权力,让他们猖獗到这种地步。如果他们有罪,诛杀为首的恶人即可,有一个狱吏就够了,哪里至于去招外来的军队?如果想全部诛杀他们,事情肯定会泄露。我坐看他们失败。"

侍御史郑泰、尚书卢植也极力劝谏何进,何进不听,还是招来了几路诸侯进京助威,其中就有前将军董卓。郑泰见自己意见不为所用,愤然辞官而去,临行时对荀攸说:"何公不容易辅佐啊!"

大兵临境,宦官们知道命在旦夕。太后也十分恐惧,几乎把所有宦官都驱逐出去,只留下何进信任的几个人服侍左右。被驱逐的宦官纷纷来何进座下谢罪。袁绍劝何进就此斩杀他们,但是何进没听,放掉了最后一次大好机会。

何进诛杀宦官的计划一直雷声大雨点小,宦官们意识到自己最后的保护神只有太后。中常侍张让的养子的妻子是太后的妹妹,张让回家给自己儿媳妇跪下,请求她劝说太后让自己回宫。儿媳妇照做,于是宦官们被赶出去没几天又回到了宫中。

何进被彻底激怒了,八月,他入宫朝见太后,准备诛杀全部中常侍以下宦官。得知消息后宦官们商议,决定最后拼死一搏。张让等人偷偷从侧室进去,偷听何进与太后的对话。宦官段珪、毕岚等手持兵器埋伏。何进出宫的时候被宦官们拦住,宦官们声讨何进的罪行,最后乱刀砍死了何进。

何进被杀的消息传来,部将吴匡、张璋悲愤无比,准备带兵入宫。两将与袁术一起斩关入宫。袁绍与叔父袁隗也带兵入宫,抓住了赵忠杀掉了他。袁绍关闭北宫门，带兵捕杀宦官，无论少长全部诛杀。有些没留胡子的人也被杀了，为了避免误杀，有人甚至脱下裤子证明自己不是宦官，才捡回一条命。

张让、段珪无奈，只好胁迫皇帝与陈留王逃出宫门，前往小平津，没有任何朝廷公卿愿意跟随，只有尚书卢植和河南中部掾闵贡连夜追上皇帝。闵贡到了之后亲手斩杀数人，对宦官们大呼说："你们不马上死，我就亲手杀了你们！"

宦官们走投无路，向皇帝下跪说："臣等要死了，陛下自爱！"

说完全部投河自杀。

纵观整个东汉近两百年历史，基本上就是一部宦官与外戚和士大夫争斗的历史。时而外戚占上风，时而宦官居高位。在这次变乱中，宦官终于被彻底剿灭了。可是，外戚和士大夫也并没有从宦官的覆灭中得到什么好处，因为在这场变乱中没有真正的赢家，只有三败俱伤。而时代也很快就进入了一个军阀割据乱世纷争的年代——三国。

董卓的末日

宦官们自杀后，闵贡扶着少帝和刘协（宦官之乱后已改封为陈留王）在黑暗中摸索着向南走，希望能够回到宫里，这时候有些大臣也陆续赶了来。一行人走到北邙山下时，只见一支军队飞奔而来。少帝不知道发生了什么事，吓得大哭。军队走近，才知道是董卓率领的人马。

董卓是陇西临洮人，年轻时喜欢侠义，经常与羌族豪俊交往。有一次羌人来看望董卓，董卓把家里的耕牛杀了款待。羌豪[①] 十分感激，回去

---

① 羌豪：羌族部落首领。

之后凑了上千头牲畜送给董卓。

董卓武艺高强，经常佩戴两个箭囊，骑马飞驰左右开弓。后来在反击匈奴以及平定羌人叛乱中立下战功，先后担任并州刺史、河东郡太守。

黄巾起义爆发后，董卓被拜为东中郎将，受命镇压黄巾军，但是由于作战不力而被判刑，后来又因为大赦而侥幸逃脱。

前文说过，何进图谋剿灭宦官，可是遭到何太后反对。何进的心腹袁绍出了个馊主意，让他邀请豪强军阀入朝，借此威胁太后，何进同意了。于是董卓率兵前来，驻扎在洛阳城外。

宫里变乱发生时，董卓看见洛阳城里有火光，知道有大事发生，带兵匆忙赶来。到城西的时候知道皇帝在北邙山，于是又带兵赶过来。董卓与皇帝见面之后询问情况，可是这时候少帝已经吓得语无伦次，根本说不清事情。董卓改问陈留王刘协，陈留王倒是把事情清楚明白地说了。董卓这时候心里就有了废掉少帝拥立陈留王的意思。

董卓想立陈留王还有一个原因：他听说陈留王是董太后抚养大的。他觉得自己跟董太后是同宗，那么这个小皇帝也就相当于自己宗族的人，自然便于自己掌控。但是要废皇帝，董卓认为自己面临的最大问题是兵太少了。

董卓带到洛阳的士兵不过三千。为了恐吓众人，董卓每过四五天便让军队晚上偷偷出去，天明的时候再大张旗鼓地回来，让别人觉得他的援军陆续不绝地赶来。少帝回宫之后，任命武猛都尉丁原为执金吾。董卓了解到丁原手下大将吕布英勇善战，但是也唯利是图，于是派李肃去挑拨离间，果然吕布杀了丁原，投到董卓门下。董卓十分高兴，收吕布为义子，丁原原来的人马也被董卓收入囊中。此后，原先何进的手下也被董卓接收。这时候，董卓觉得时机成熟了。

一天，董卓对袁绍说："陈留王似乎更适合当皇帝，我想拥立他。"

虽然袁绍家族四世三公，但是董卓自恃兵强马壮，根本没把他放在眼里。哪知道袁绍竟然激烈反对："汉家君临天下已经四百年，恩泽深厚，人民拥戴。现在皇上年纪很轻，也没有什么陋习，您想废嫡子立庶子，恐怕大众不会赞同您的意思。"

董卓大怒，按剑斥责袁绍："你小子竟然敢这样！天下之事，难道不是我说了算吗？我想做，谁敢不从！你觉得我的刀不利吗？"

面对董卓的威胁，袁绍的表现简直让人景仰。他也勃然说："天下厉害的人，难道只有董公？"

袁绍抽出佩刀，持刀作了个揖，昂然而出。在场的人吓得肝胆俱裂。董卓很想杀了袁绍，但是顾忌他名声太重，没有下手。袁绍离开洛阳，直奔冀州。

昭宁元年（189年）八月，董卓召集文武百官，提出废立之事。尚书卢植当场反对，董卓大怒，想杀卢植，群臣纷纷求情。董卓于是免了卢植的官，卢植就逃到上谷隐居去了。董卓将废立的事情告诉太傅袁隗，也就是袁绍和袁术的叔叔。这个叔叔显然没有侄儿那样的霸气，迫于压力，袁隗同意了董卓的意见。

这一年的九月，董卓再次召集大臣，胁迫太后废少帝为弘农王，立陈留王刘协为帝，这就是汉献帝。

扫除了所有障碍的董卓此时已经成为朝廷的实际控制者。献帝即位后，他自任太尉，十一月，董卓又被任命为相国，赞拜不名，入朝不趋，剑履上殿。与此前外戚梁冀享受的待遇一样。

大权在握的董卓终于露出了他的残忍本性。他放任手下兵士为非作歹，冲入百姓家中强抢财物，掠夺民女。洛阳城内无论贵贱都胆战心惊，惶惶不可终日。有一次董卓带兵到阳城，遇上当地居民正在庆祝社日①。董卓命兵士把男人全部杀死，砍下头悬在车辕上，抢掠所有妇女，赐给兵士为婢妾。军队唱着歌回到洛阳，声称已剿灭贼兵取得大胜。

董卓的暴行传遍四方，汉献帝初平元年（190年），关东州郡起兵讨伐董卓，推袁绍为盟主，会兵数十万，威震天下。

面对关东诸郡的讨伐，董卓想迁都长安以避其锋芒。很多大臣表示反对，但是董卓心意已决，斩杀了劝阻迁都的城门校尉伍琼和督军校尉周珌，众人都不敢再多言。

董卓诛杀了洛阳的豪富之家，诬陷他们造反，没收他们的财物。然后驱使数百万人迁移到长安。一路上军队胁迫，战马践踏，加上饥饿和劫匪，无数人惨死，路边堆满了尸体。董卓则焚烧洛阳宫庙、官署和民宅，二百里内房屋全被烧毁，鸡犬无余。此时关东军队已经与董卓军发生战斗，董卓抓住关东军俘虏，就用涂满油脂的十余匹布把俘虏裹住，然后在脚部点火，把他们活活烧死，其状惨不忍睹。

三月，汉献帝一行到达长安。当时董卓还在洛阳忙着烧房子。朝政大小事都委任给了司徒王允。王允表面上顺从董卓，但是内心却想伺机除掉董卓。董卓不知道，对他还十分信任。

初平二年（191年），董卓被任命为太师，地位比诸侯王还高。但是此时的董太师也末日将近了。

这一年的长安街上，突然出现了一个奇怪的人。那人背着一匹布，上面写着一个大字"吕"，一边走一边喊："布啊！布啊！"别人以为他是在卖布，但是哪里有卖一匹写了字的布的道理，于是很多人认为那人是疯子。但是司徒王允听说这消息之后十分紧张，派人去找那个人，却怎么也找不到了。

---

① 社日：祭祀土地神的日子。

王允之所以紧张，是因为那个怪人的行为揭穿了他的密谋，而这个密谋的核心人物便是吕布。

吕布原来是丁原手下，后来被董卓收买，成为董卓的义子。董卓生性多疑，随时让吕布侍卫左右。但是董卓对人又极其无礼。曾经有一次吕布因为一点小事让董卓不满意，董卓提起手戟就投过去，幸好吕布身手敏捷，躲过了一死，之后还得低声下气地去给董卓谢罪。董卓让吕布守卫内府，因为这个吕布也跟董卓的侍妾有些不清不楚。罗贯中后来根据这些情节虚构出了吕布戏貂蝉、凤仪亭董卓掷戟的故事。小说固然是虚构的，但是吕布内心憎恨董卓是真的。吕布找到王允，陈述自己多次几乎被杀的情形。王允见机会来了，便劝吕布加入自己，诛杀董卓。吕布有些犹豫，说："我跟董卓是父子，怎么能谋杀父亲？"

王允说："您姓吕，他姓董，现在您死到临头，哪儿来的什么父子？何况董卓向您掷戟的时候难道顾念过父子之情吗？"

吕布被说动了，同意帮助王允。

初平三年（192年）四月，汉献帝刚刚疾病初愈，下诏在未央殿大会群臣。董卓乘车参会。从董宅到皇宫，路边全部是董卓的兵马，吕布等将在周围戒备。其实吕布已经做好了安排，让他的同乡骑都尉李肃与十余个心腹穿着卫士的服装埋伏在宫门。董卓刚刚进入北掖门，李肃持戟就刺过来，谁知道董卓身着重甲，没被刺死，只是手臂受伤，从车上摔下来。董卓大呼："吕布何在？"吕布上前大呼："有诏讨贼！"董卓怒骂："庸狗，你居然敢这样做！"吕布上前刺杀了董卓，兵士上来砍了董卓的头。

作恶多端的董卓终于死了，在场的官员和士兵都站立不动，大呼万岁。长安百姓听说董卓死了狂喜，很多人卖了自己的珠宝衣服，买酒买肉来庆祝。董卓的尸首被放在街上示众。当时天气已经开始热了，董卓

又十分肥胖，尸体里的油脂流了出来。守护尸体的官吏弄了个大蜡烛，放在尸体的肚脐上点燃，火一连燃了几天。

诛杀董卓的主谋是王允，董卓死后，他也就成了朝廷的实际控制者。但是王允的刚愎自用和董卓比起来一点不逊色。董卓死后，他以为大局已定，天下太平，却没想到董卓的旧部李傕、郭汜等人还在，不好好安置他们，局面就远远谈不上稳定。

果然，由于王允的无能，李傕、郭汜起兵反攻长安。长安城城高池深，猛将吕布带兵守城，李傕、郭汜攻了八天也没攻下来。可是吕布手下来自蜀地的士兵反叛，开城门引李傕入城。吕布见状，把董卓的头系在马上，带着几百骑兵逃走了。李傕、郭汜带兵入宫，抓住了王允、司隶校尉黄琬等，并将他们都杀了。

作为董卓的得力部将，李傕、郭汜的残暴一点不亚于他们的主人。当他们取得控制权之后，同样开始纵兵劫掠百姓。董卓刚死的时候，长安一带还有几十万户百姓，由于李傕、郭汜二将的劫掠，又加上饥荒，两年后，百姓几乎死光了。

李傕和郭汜虽然曾同为董卓部下，但是一山不容二虎，不久两人之间就有了嫌隙。两军开始互相攻打。汉献帝派人去劝和二人，但是没有作用。之后李傕干脆劫持了皇帝，郭汜见状，就劫持了大臣。两军继续作战，长安城成为一片废墟，死者数万。汉献帝和朝臣就如玩偶，一会儿在李傕手里，一会儿在郭汜手里，辗转之下，皇帝终于在朝臣的帮助下逃了出来，乘着牛车到了安邑。河东太守王邑闻知，献上布帛和粮食，汉献帝终于缓了口气。于是封王邑为列侯，他的手下也各自封以官爵，后来连刻印都来不及，索性用锥子刻几个字了事。

皇帝蒙难的消息传到东边，袁绍谋士沮授劝袁绍迎接天子，这样可以挟天子以令诸侯，无人争锋。谋士郭图不以为然，说："汉室衰微已经很久了，现在想兴复，难道不是很困难吗？现在英雄并起，跨州连郡的不可胜数。这就像秦末的局势，大家逐鹿中原，先得的为王。现在如果把天子迎过来，做什么事情都要上奏章请示。听从那小皇帝吧，自己的权力就轻微了，不听从吧，又违背君臣大义。"

曾经在董卓面前英姿勃发的袁绍这时候竟然表现得鼠目寸光，他最终听从了郭图的意见，拒绝迎接天子。

袁绍不迎天子，却有人马上抓住时机去迎接。这个人就是袁绍少年时的好友、之前的同事——曹操。

官渡之战

——曹操的封神之战

挟天子以令诸侯

曹操和袁绍年轻时是朋友，不过袁绍从心底是看不起这位兄弟的，原因是两人的家世相差实在太大了。

袁绍出身于著名的"汝南袁氏"，从他的高祖袁安开始，家族四代中有五个人登上三公的高位。他父亲袁逢，曾担任司空；叔父袁隗，官拜司徒；伯父袁成，官至左中郎将。袁氏之盛，连权倾一时的宦官都不得不巴结。中常侍袁赦就因为袁逢、袁隗位高权重，于是主动将袁家作为靠山。所以袁氏贵宠当时，远超一般公族。

曹操像

而曹操家世与之相比则寒酸多了。汉灵帝中平元年（184 年），曹操的父亲曹嵩给中常侍曹腾当养子，从此改姓曹。《后汉书》说他家原来是什么出身已经不清楚了，但是《资治通鉴》和《三国志》中还是隐晦地提道：有人说是夏侯氏之后。这种说法应该是比较靠谱的，不然曹操手下怎么会有那么多姓夏侯的。

而如果不是一部《三国演义》，可能很多中国人都不知道居然还有夏侯这个姓。由此可见曹操之出身，与袁绍完全不能相比。

出身卑微的曹操很希望能够出人头地，但是那些官宦之后很少给这个宦官之后好脸色，只有太尉桥玄和南阳的何颙比较看好他。桥玄说："天下看起来要乱了，没有治国之才的人是不能扭转乾坤的，能让乱世安定下来的人是你吗？"

何颙见到曹操就长叹说："能够安定天下的，必然是你啊！"

可是当时的曹操寂寂无名，桥玄对他说："你现在没有名气，应该去找一下许子将。"

许子将名叫许劭，非常善于鉴识人物，每个月都要品评人物，当时人们称之为"月旦评"。曹操去找许子将，但是许子将鄙薄曹操为人，不愿为他品题。曹操无奈，动手劫持他，许子将只好说："你是治世之能臣，乱世之奸雄。"

当董卓专权后，包括曹操在内的关东十二路诸侯起兵讨伐董卓，就公推名声最响的袁绍作为盟主。

很多年后，曹操写了一首《蒿里行》，回忆这段往事：

蒿里行

关东有义士，兴兵讨群凶。

初期会盟津，乃心在咸阳。

军合力不齐，踌躇而雁行。

势利使人争，嗣还自相戕。

淮南弟称号，刻玺于北方。

铠甲生虮虱，万姓以死亡。

白骨露于野，千里无鸡鸣。

生民百遗一，念之断人肠。

　　这首诗前面四句写的是十二路诸侯会盟讨伐董卓，但是各顾私利，犹豫不前。那时候的曹操也许还有些理想主义，他独自率兵西进，其他诸侯都按兵不动，只有张邈派将军卫兹带了一部分兵马跟随他。曹操军队与董卓部将徐荣军遭遇，两军激战，曹操大败，战斗中他被箭射中，马也被杀。幸好堂弟曹洪把自己的马让给曹操，不然历史就改写了。

　　灰头土脸的曹操回到诸侯们的驻地，看见各路诸侯置酒高会，根本没有进兵的意思。这时候的曹操还主动献计，谋划进兵方案，可是诸侯们都支支吾吾，没有谁愿意出头。不仅这样，袁绍和公孙瓒还因为利益之争而大打出手，这就是诗里说的"势利使人争，嗣还自相戕"。

　　后来曹操更明白，这些诸侯对营救天子其实没有一点兴趣。袁绍认为少帝被废，献帝掌握在董卓手中，不知死活，还不如册立宗室幽州牧刘虞为帝省事些，这就是诗里说的"刻玺于北方"。曹操坚决反对，但是袁绍等人对此置之不理，还是派使者去幽州劝进刘虞。谁知道刘虞忠心王室，不但不愿称帝，还把使者大骂了一通。

　　事实上，袁绍此时也有自立之心。有一次他不知道从哪里得到了一个玉印，视若宝贝，在座位上就拿着向曹操炫耀，曹操从那时候起就开始厌恶袁绍了。

　　更搞笑的是，袁绍的堂弟袁术觉得汉家气数已尽，又胡乱解谶文，觉得袁氏应该称帝。恰好这时候，袁术的部将孙坚在洛阳皇宫的水井里发现了传国玉玺。后来孙坚战死，玉玺被他夫人收藏。袁术知道之后把孙坚的夫人关押起来，抢到了玉玺。有了玉玺，袁术觉得自己的确是天命所归。于是建安二年（197年），袁术在寿春宣布即皇帝位。这就是诗中说的"淮南弟称号"。袁术给自己起了个稀奇古怪的名号叫"仲家皇帝"。古代以伯仲叔季称老大老二老三老四，这个"仲家"就是"二家"，看来袁术这"皇帝"的确有点"二"。

袁术的称帝最后成为一场闹剧，他后来被曹操击败，悲惨死去。但是死之前他还没忘了把"帝号"送给堂兄袁绍。袁绍也有称帝之心，他的主簿耿包看出了这一点，于是秘密劝告袁绍即大位。袁绍心里不太有底，于是试探性地把耿包的话告诉僚属，结果僚属们都表示反对。袁绍无奈，只好把耿包杀了表明自己并无篡位之心。可怜耿包本想靠劝进立个大功，结果反倒丢掉了性命。

讨伐董卓的诸侯最后作鸟兽散。曹操转战青州，与黄巾军作战。初平三年（192 年）曹操在济北大破黄巾军，俘虏三十万士兵，男女百万余口。曹操将其精锐收编，号称"青州兵"，这支军队也成为曹操后来的精锐部队。

曹操在《蒿里行》里悲叹战争给百姓造成的苦难："白骨露于野，千里无鸡鸣。"事实上，造成这些惨剧也有他的份。因为董卓之乱，很多百姓从此前东汉帝国最繁盛的洛阳地区逃到徐州避难，曹操攻打陶谦的时候，杀死了几十万百姓，泗水因此不流。曹操攻打郯县失利，回兵攻打虑、睢陵、夏丘，这些地区全部被屠城，就连鸡犬都没有剩下，以前繁盛的村落，现在连一个行人都见不到。

汉献帝建安元年（196 年），献帝迁都许，从此这里成为东汉的临时都城，曹操终于可以挟天子以令诸侯了。

以弱胜强

上一章讲过，袁绍本来可以派兵迎接皇帝，但是在谋士郭图的劝说下放弃了这个计划。现在曹操竟然抢了先，而且以天子为号召威风八面，袁绍又后悔了。曹操被拜为大将军，献帝下诏拜袁绍为太尉，袁绍大怒，因为太尉官职在大将军之下，袁绍怎能忍受这个昔日的小兄弟成为自己的上级，因此拒绝接受。曹操也害怕了，于是把大将军的职位让给袁绍，自己担任司空之职。

曹操知道自己与袁绍终有一战，但是此时的自己还力量微弱。因此他在羽林监枣祗的建议下开始屯田。有了粮食，曹操没有了后患，开始征伐张绣，诛杀吕布，击败袁术，力量迅速强大。

而此时袁绍也击败了公孙瓒，成为势力最强大的军阀。他决定给这个昔日的小兄弟曹操一点颜色看了。

建安四年（199 年），袁绍率领步兵十万、骑兵一万，共十一万人马，南下攻打许都。而此时曹操能参战的兵力只有两万人。听说袁绍大兵压境，手下十分惊慌，曹操说："袁绍的为人我很清楚，志向很大智力很弱，外表严厉胆子很小，忌讳太多威严不够，兵士很多但是分工划分不明，将领骄横政令不一。袁绍占有土地广，粮食充足，正好送上门为我所用。"

荀彧也说："袁绍兵虽多但法令不整齐。田丰刚直喜欢犯上，许攸贪婪却不受惩治，审配专权却没有谋略，逢纪刚愎自用，这几个人势同水火，肯定会有内讧。颜良、文丑不过是一夫之勇，一战就可以拿下。"

后来形势的发展证明荀彧的预测一点没错。

之前曹操曾经两次讨伐张绣都以失败告终，战斗中曹操长子曹昂被杀，曹操自己也中箭受伤。此时袁绍派人来召张绣为援，张绣询问谋士贾诩，贾诩说："应该投降曹公。"

张绣大惊："袁绍强曹操弱，而且此前我们与曹操结仇，怎么能投降曹操？"

贾诩说："袁绍强，我们投他不会受到重视；曹操弱，我们投他则相反。而且有霸王之志的人不会计较私人恩怨。"

　　张绣听从劝告，投奔曹操。曹操大喜，设宴欢迎张绣，还让儿子曹均娶张绣的女儿，拜张绣为扬武将军。

　　建安五年（200年），袁绍进军黎阳，谋士沮授临行前召集宗族，把财产全部散给他们，好像再也回不来了。沮授的弟弟沮宗问缘故，沮授说："曹操雄才大略，还挟天子作为资本；我们军队已经疲敝，主将骄横，军队溃败就在这一次了。"

　　袁绍大将颜良率兵攻击白马，荀攸建议曹操派轻兵前去营救，曹操同意了，于是派张辽、关羽迎敌。关羽远远看见大将羽盖，便策马冲进敌阵，直接刺杀了颜良。袁绍军队大惊，没人能够抵挡关羽。紧接着，曹操又在延津击败袁绍，斩杀其大将文丑。之后，曹操军队撤回官渡。

　　刚一交兵就连损两员大将，袁绍大怒。接下来的几场战斗中袁绍拼了老命，曹操军队接连战败，于是坚壁高垒拒不出战。袁绍在曹操营寨外面建起高高的城楼，又筑起土山，让弓弩手居高临下射击曹军，曹军士兵要蒙着盾牌才敢走路。曹操就建造投石车，发射石块把袁绍的高楼打得粉碎。袁绍又让士兵挖地道进攻，曹操就命令士兵挖掘深深的堑壕挡住地道。双方激战不休，可曹操军中的粮草已经要用光了。曹操有了退兵的想法，幸亏荀彧极力劝阻，曹操才打消了念头。此时运粮军来到军营，曹操拍着运粮官兵的肩膀说："再过十五天，我们就会击溃

曹操官渡破袁绍（《三国志像》，大魁堂藏版）

袁绍，就不必辛苦各位了。"

荀攸告诉曹操，袁绍大将韩猛押运粮草，这个人凶猛但是轻敌，可以击破。于是曹操派遣偏将军徐晃截击韩猛，击溃了敌军，烧掉了粮草。

到十月份时，袁曹两军还在对峙之中。这时候袁绍大将淳于琼运送粮草，驻扎在距离袁绍军营北四十里的乌巢。正好袁绍的谋士许攸家人犯法，审配逮捕了他，许攸大怒，于是叛逃到曹操军中。

曹操听说许攸到来大喜，连鞋都没穿就出来迎接。

许攸问："将军粮草还有多少？"

曹操说："够一年的。"

许攸说："没那么多，您说到底有多少？"

曹操说："够半年。"

许攸说："您难道不想击破袁绍吗？为什么不对我说实话？"

曹操无奈说："刚才是开玩笑的，实不相瞒，只够一个月。"

于是许攸向曹操献计攻打乌巢，烧掉袁绍的粮草。

曹操大喜，留下曹洪、荀攸守营，自己带着精兵五千奇袭乌巢。

袁绍听说之后似乎并不着急，说："曹操突袭乌巢，我就去突袭他大营，让他回不了家！"

部将张郃极力劝阻，但是袁绍心意已决，派遣重兵攻打曹营，可久攻不下。此时曹操已经斩杀了淳于琼，烧掉了袁军粮草。张郃、高览见大势已去，又愤恨袁绍不接受建议，干脆投降了曹操。袁军兵败如山倒，袁绍最后穿着便装带着八百骑兵渡河逃回了冀州。

建安七年（202年），袁绍在忧愤中去世。他死后，他的儿子袁谭和袁尚为争权夺利而互相攻伐，最后被曹操各个击破。

官渡之战是中国历史上著名的一次以少胜多、以弱胜强的战役，这也是曹操的封神之战。这一战为曹操统一北方奠定了基础。建安十二年

（207年），曹操征服了乌桓，终于统一了北方。下一步，他将眼光对准了荆州的刘表。

也就在这时候传来消息，刘表死了。紧接着又传来消息，刘表的儿子刘琮请求投降。

曹操分兵拒袁绍（《三国志像》，大魁堂藏版）

赤壁之战
——三国鼎立的形成

　　三国时期，刘表的存在感相比于曹操、刘备、孙权，甚至袁绍、袁术都弱许多。但是在党锢之祸时期，他也算是个著名的人物。

　　刘表，字景升，山阳高平人。他是汉景帝的儿子鲁恭王刘余的后代，是宗室之后。党锢之祸中，他和"望门投止"的张俭齐名，都属于"八及"之列。后来朝廷下诏抓捕党人，刘表和张俭一样逃亡，侥幸活命。

　　东汉末年，刘表被任命为荆州刺史，后来又被封为镇南将军、荆州牧、成武侯，占有荆州六郡。荆州位于长江中游，土地肥沃，物产丰富，交通方便，是当时蛮夷之地通往中原的门户，也是兵家必争之地。因此刘表的荆州牧也是做得心神不宁。曹操与袁绍在官渡对峙的时候，袁绍写信请刘表相助，刘表答应了却按兵不动；手下人劝他帮助曹操，刘表又犹豫不决。还没等他最后下定决心，曹操就把袁绍打败了。刘表相当于把两个军阀都得罪了，更加惶惶不可终日。因为他知道，收拾了袁绍，曹操的下一个目标一定是自己。

　　曹操心里也是这样想的。就在他准备兴兵讨伐刘表的时候却得到消息，刘表重病死了。

　　刘表的死讯传出，反应最快的不是曹操，而是东吴孙权手下一个此时还不太有名的谋士，他的名字叫鲁肃。

《三国演义》中把鲁肃塑造成一个老实巴交还有些迟钝的老好人，经常被诸葛亮耍得团团转，还隐隐被周瑜看不起，可历史上真正的鲁肃并不是这副窝囊样。

被误读的鲁肃

鲁肃，字子敬，年幼的时候父亲去世，他是被祖母抚养大的。鲁肃家里很有钱，他性格豪迈慷慨，喜欢仗义疏财，结交豪杰，乡里的人对他都十分敬仰。周瑜当居巢长的时候，带着几百人来拜访鲁肃。带几百人来做客，这分明就是打土豪的意思。可是鲁肃并没有要死要活，他家里有两个粮仓，每个粮仓有三千斛粮食。鲁肃指着其中一个对周瑜说："这个仓里面的粮食就送给您吧！"

周瑜从没见过这样慷慨大方的土豪，从此对鲁肃另眼相看。袁术也听说了鲁肃的名声，就让他担任东城的长官。但是鲁肃很清楚袁术不足与之谋大事，就带着家乡老弱和信服自己的少年到居巢投奔周瑜了。

前面说过，历史上的鲁肃绝不是《三国演义》中所描写的那个窝囊废。鲁肃带人离开东城，让老幼和衰弱的人走前面，自己和强壮少年走后面。不久，追兵就赶上来了。鲁肃让手下手执兵器，弯弓搭箭准备战斗。然后上前说："各位也是大丈夫，应该知道天命。现在在袁术手下，有功也不赏，无功也不罚。你们就是不追击我们也不会被惩罚，何必逼人太甚？"

鲁肃叫人把盾牌立在土里，自己朝盾牌射箭，箭矢都洞穿了盾牌。追兵大惊，他们一方面赞同鲁肃的话，一方面自己也没有把握拿下鲁肃，只好让他们走了。

此时孙策已经去世，孙权即位。周瑜将鲁肃推荐给孙权，孙权十分高兴，经常把鲁肃一个人留下来谋划大事。老臣张昭觉得鲁肃这个年轻人轻狂有余而谦虚不够，经常说鲁肃坏话。孙权不仅不为所动，反而对鲁肃更加信任了。

鲁肃用自己的行动证明了他是完全对得起这份信任的。刘表死讯传到江东后，鲁肃的反应就证明了其独到的政治眼光和强大的行动力。

鲁肃对孙权说："荆州与我们江东接壤，江山险固，沃野万里，士民殷富。如果能够占据它，这将是称帝的资本。现在刘表刚死，他两个儿子刘琮和刘琦关系恶劣，军中诸将有的支持这个有的支持那个，很不团结。刘备是天下枭雄，得罪了曹操，在刘表那里寄居，刘表嫉妒他的能力不重用他。如果刘备与刘表手下齐心协力，团结一致，我们就应该与他们结盟交好；如果他们有分歧，我们就应该另做打算，以成大事。请主公让我奉命去吊丧，慰劳他军队中的将领，同时劝说刘备安抚刘表手下，刘备一定会欣然从命。我们再提议齐心协力，共同对付曹操，刘备一定会大喜从命。如果顺利，天下可定。现在如果不快点去，恐怕会被曹操抢先。"

不得不说，这段话显示出鲁肃极其敏锐的政治嗅觉和远大的战略眼光。他的话中已经明确透露：此时曹操是江东最大的敌人。为了抵抗曹操，必须团结一切可以团结的力量，更重要的是，他眼光独到地将当时名气还不大，而且屡战屡败的刘备作为了团结的首选对象。

孙权同意了鲁肃的请求。而鲁肃刚到夏口，就听说曹操大军已向荆州进兵。等他昼夜兼行到达南郡时，刘琮已经投降曹操了。

此时刘琮显然已从潜在的盟友变成了明显的敌人，再无去探听消息的必要。鲁肃当机立断，改变目的地，直接赶到当阳长坂桥，与正被曹操追得肝胆俱裂的刘备会合。

鲁肃向刘备传达了孙权的旨意，并表达了结好的意愿。然后问刘备："刘豫州现在打算去哪里？"

刘备回答："我跟苍梧（今广西梧州）太守吴巨有旧交，想去投奔。"

鲁肃说："我家主公聪明仁惠，礼贤下士，江东的英豪都归附他，现在已经占据六郡，兵精粮足，足以成就大事。现在我替您谋划：不如派遣心腹与江东结好，共同干一番事业。您现在去投奔的吴巨不过是个庸人，又在边远之地，不久就会被别人吞并，怎么值得托付？"

鲁肃的话无疑给走投无路的刘备指了一条生路，后者十分高兴。鲁肃又对诸葛亮说："我是你哥哥诸葛瑾的朋友。"

这下刘备上下都对鲁肃充满了好感。于是刘备同意鲁肃的建议，不再往南逃，而进驻樊口。

联吴抗曹

此时曹操已经接受了刘琮的投降，占据江陵，马上顺江而下。历史上的诸葛亮可不像《三国演义》里描写的那么气定神闲，他第一个着急了，对刘备说："现在情况危急！请让我奉命去向孙将军求救！"

刘备便让诸葛亮与鲁肃一起到东吴拜见孙权。

诸葛亮对孙权说："海内大乱，将军您在江东起兵，我家刘豫州在汉南略地，一起对抗曹操。现在曹操剿灭诸侯的战争已经到了尾声。他已经击破荆州，威震四海。英雄无用武之地，所以我家刘豫州逃到这里。希望将军量力而行：如果您能率领吴越与中原抗衡，就不应该再与曹操藕断丝连；如果不能，何不按兵束甲归降？现在将军表面上服从曹操，内心却犹豫不决，这样祸患很快就会到来。"

诸葛亮的话显然有激孙权的意思。这让孙权有些不快，于是反问：

"照您所说，你家刘豫州为什么不投降呢？"

谁知诸葛亮口才出众，借着这话又将了孙权一军："田横不过是齐国的壮士，都能够坚持大义不受辱，何况我家刘豫州是皇室后代，英才盖世，士人仰慕他就像水归大海。如果最终事情不成功，那是天命使然，怎么能再在曹操之下呢！"

诸葛亮连续两次激将法马上收到了奇效，毕竟此时的孙权还是个刚刚二十七岁、血气方刚的年轻人，孙权勃然大怒说："我不能把整个吴地土地和百万之众交给曹操受制于人！我意已决！不联合刘豫州不能抵抗曹操！"

但是打仗不能只靠一时意气，孙权虽然年轻，却已经深谙此道。他有些忧虑地问："但是刘豫州刚刚被曹操打败，怎么能够再与他争衡？"

诸葛亮安慰说："我军虽然刚在长坂坡失败，但是散兵已经收回来了，还有关羽的水军一万人，刘琦未投降，他江夏的部队也不下万人。曹操的军队远来疲劳，听说在追击我们的时候，轻骑兵一昼夜竟然跑了三百里，这就是所谓的强弩之末，势不能穿鲁缟。兵法上很忌讳这种做法，说这样必然会使主将受挫。而且北方人不习惯水战。同时荆州百姓归附曹操多半是被兵势所逼，并不是内心顺服。现在将军如果能命令勇将率兵数万，与我家主公齐心协力，一定可以打败曹操。如果这样，曹操必然逃回北方，这样荆州、东吴势力增强，鼎足之势就形成了。"

众所周知，三国鼎立的构想诸葛亮在《隆中对》中就对刘备提过，但是很少有人知道。此前鲁肃也跟孙权提过，他初见孙权时就说："我私下估计，汉室是不可能复兴了，曹操也不可能马上除掉。为将军谋划，只有在江东鼎足而立，观察天下变化。"

由此可见，鲁肃的战略眼光一点不亚于名气极大的诸葛亮。在这两位人杰的游说下，孙权很快同意联刘抗曹，他决定大会群臣，商议此事。

正好此时曹操的劝降信也送到东吴了。在信里曹操宣称自己率领八十万人马前来攻打，权臣看到信后都惊慌失色。老臣张昭首先提出应该投降，其他大臣也纷纷响应。孙权一看会刚刚开始，节奏就被带歪了，这样还商量个什么劲？他郁闷无比，借口出去上厕所，其实也是想透透气。鲁肃开始一直没说话，看到孙权出去，他马上追上。孙权知道鲁肃有话说，便握着他的手问："爱卿有什么话说？"

鲁肃说："刚才听众人的看法，都是要误将军啊！不能跟他们商量大事。现在我可以投降，将军却不能投降！"

孙权觉得很奇怪，问："为何？"

"我如果投降曹操，曹操肯定会把我送还我家乡，以我的名声和以前的地位，还能够坐着牛车，带着随从，跟士人们交往。之后一路升官上去，再怎么也能弄个太守刺史之类的干干。如果将军投降曹操，您能到哪里去？"

鲁肃一席话像一道闪电把孙权的内心照得雪亮，他如梦初醒，抚摸着鲁肃的背说："刚才他们的观点很让我失望，爱卿的话点醒了我，你的想法正与我的相同。"

关于鲁肃劝说孙权，以上是《资治通鉴》的记载，而《三国志》引《魏书》和《九州春秋》里的记载则更有戏剧性。

鲁肃知道孙权不想投降，于是故意激将说："曹公是大敌，他刚刚击败了袁绍，乘胜而来讨伐丧乱之国，所向无敌是肯定的。我们不如派兵去协助他，再将将军的家属送去做人质，不这样的话马上大祸临头。"

孙权听了之后大怒，想要杀掉鲁肃。鲁肃说："现在事情已经如此危急了，如果主公有其他想法，何不派兵帮助刘备，却要杀我？"

孙权这才明白鲁肃所言不过是在激将，因此才最后下决心抗曹。

不管这两种说法哪个是真实的，都可以看出鲁肃绝非《三国演义》

周瑜像

中描述的那样是个没有主见、人云亦云的腐儒，而是一个有胆有谋、眼光独到、见识高明的战略家。鲁肃的高明不但在于能够点醒孙权，还在于他事先就找准了一个极其重要的同盟军，这个人就是周瑜。

当时周瑜受孙权之命去了鄱阳，鲁肃劝孙权召回周瑜。果然，周瑜一回来就站在鲁肃一边，劝说孙权。他向孙权详细说明了曹操与东吴的优劣，指出曹军不习惯水战，又不服水土，加上远来疲惫，一定会失败。两个重要手下的支持终于使二十七岁的孙权下定决心，他拔出佩刀砍向面前的奏案，说："所有将吏敢再说投降曹操的，跟这张奏案下场一样！"

当天夜里，周瑜又拜见孙权，详细分析当前局势："群臣看见曹操宣称自己有水军步兵八十万就被吓得肝胆俱裂，也没有去核实，就嚷嚷着投降，完全没有道理。现在根据实际估算，曹操率领的中原士兵不过十五六万，而且已经十分疲劳；他得到的刘表的部众最多也就七八万，而且这些人内心怀有狐疑。用疲劳染病的士兵去驾驭心有狐疑的部队，人数虽多却不足为惧。我周瑜如果能够得到五万精兵，一定能为主公击破曹操，请主公不必忧虑！"

孙权十分欣慰，摸着周瑜的背说："公瑾，你的话很合我的意思。张昭那些大臣都只顾自己的老婆孩子，内怀私心，很让我失望。只有你和鲁肃两个人的意见跟我一样。是上天派你们俩来辅佐我的啊！至于军队，五万精兵难以很快备齐，我已经准备了三万，船、粮食和战争用具都已备齐。爱卿与鲁肃、程普率兵先迎敌，我会继续派遣军队，多准备粮草做后援。爱卿能够解决曹操就解决，解决不了回来找我，我会亲自与曹操决一死战！"

于是孙权任命周瑜、程普为左右都督，率军合力抵抗曹操；任命鲁肃为赞军校尉，负责出谋划策。

火烧赤壁

这时候在樊口的刘备早已望眼欲穿，每天都派遣巡逻兵在水边守望孙权军队。这天士兵终于看见了周瑜的船，飞马禀报刘备。刘备大喜，派人前去慰劳。周瑜的表现有些冷淡："在下有军务在身，不能擅离职守，如果刘豫州能够屈尊来见我，就最好了。"

刘备马上备一艘小船来见周瑜。刘备问："您带来多少士兵？"

"三万人。"

"似乎有些少啊！"

"这些士兵已经够用，刘豫州就在一边看我怎么破敌。"

刘备又想叫鲁肃一起说话，周瑜冷冷地拒绝："各有使命，不能随便擅离职守。刘豫州要见子敬，可以在其他时候拜访。"

刘备连碰了两个钉子，不由得对这位年轻的东吴都督心生惧意。

跟周瑜预料的一样，此时的曹军营内疫病流行。刚刚跟孙刘联军交战，曹军就战败，于是把军队撤退到江北。由于北方人不习惯水战，晕船的很多，曹操下令把战舰用铁索连在一起，铺上木板，在上面骑马如履平地。但是没料到这竟成为后来惨败的最大原因。

周瑜的部将黄盖献计说："敌众我寡，很难打持久战。曹操军队把战船连在一起，首尾衔接，正好用火攻。"

周瑜同意了。黄盖便准备了十艘大战船，满载干柴芦苇等引火物，又灌入火油，用帷幕包好。船上插上旌旗，船后预备小艇逃生。此前黄盖写信给曹操，说自己与周瑜发生冲突，想要投降，曹操信以为真。这时候正好刮东南风，黄盖让十艘大船走在最前面，到中流的时候升起船帆，其他战船依次而进。曹操带着手下走到营门口，以为黄盖真来投降，还兴奋地指指点点。距离曹营还有两里多的时候，黄盖一声令下，所有船同时点火，火烈风猛，船快如箭，眨眼间冲进曹营，把曹军战舰全部烧毁，岸上的营寨也纷纷着火，无数人马被烧死或者淹死。周瑜率军紧随其后，战鼓喧天，杀声震野。

预想中的受降仪式突然变成了一片火海，曹军大败。乱军中，曹操只好率领众人从华容道仓皇逃命。华容道泥泞不堪，无法通行。曹操命令羸弱的士兵背草来填满泥坑，骑兵才勉强通过。而背草的士兵被人马践踏，死去大半。

赤壁一战，曹操兵败如山倒，只好留下征南将军曹仁、横野将军徐晃驻守江陵，折冲将军乐进守襄阳，自己带着残兵回许都了。这一年是建安十三年（208 年）。

赤壁之战是中国古代以少胜多、以弱胜强的著名战役，也是三国鼎立局面开始形成的一场战役。此役之后，在鲁肃的劝说下，孙权让出荆州给刘备容身，之后刘备又得了蜀地，至此三国鼎立局面真正形成。鲁肃让孙权借荆州给刘备，成为一些人指责鲁肃的口实。孙权自己对此也有些耿耿于怀。当这个消息传到许都的时候，曹操正在写东西，听到这个消息，惊得笔都掉到了地上。

曹操的震惊是有道理的。因为他知道，从此之后，自己的敌人除了江东的孙权，还多了一个以前大家都不太看好的刘备。这意味着统一天下的梦想，在自己的有生之年很可能无法实现了。

夷陵之战
——刘备统一梦的破碎

刘备借荆州——有借无还

周瑜和鲁肃是孙权的左膀右臂，如果没有他们，孙刘联军要取得赤壁之战的胜利基本是不可能的。但是在对待刘备集团的问题上，周瑜和鲁肃两个人的观点却是不一致的：周瑜属于鹰派，主张为了东吴势力，应该消灭刘备，至少不给他发展空间；而鲁肃则属于鸽派，认为曹操虽然失利，但是仍然是东吴最大的威胁，因此必须联合刘备，对抗曹操。

赤壁之战失利后，曹操退回北方，留下征南将军曹仁、横野将军徐晃守江陵。建安十三年（208 年），周瑜乘着赤壁大胜的锐气进攻江陵，一年之后，江陵城被攻破，曹仁逃走。此时周瑜威震天下，海内无双。曹操看在战场上无法胜过周瑜，于是派说客希望能说动周瑜，这个说客就是蒋干。

蒋干历史上实有其人，他是九江人，跟周瑜是老朋友。《三国演义》中说他在赤壁之战前来游说周瑜，结果被周瑜将计就计，哄骗曹操杀了水军都督蔡瑁、张允，这是虚构。历史上蒋干的确曾经劝说过周瑜，不过是在周瑜攻克江陵之后。蒋干劝说周瑜的结果与《三国演义》里说的差不多：周瑜当然不是蒋干这样的人能说动的。蒋干回去之后，也只好禀报曹操："周瑜雅量高致，非言辞所能间也。"这句话后来也被搬进《三国演义》，作为蒋干的台词。

建安十五年（210 年）十二月，周瑜从江陵回来拜见孙权说："现在曹操刚刚在赤壁之战中大败，不能很快与将军争衡。我请求跟奋威将军孙瑜一起出兵，攻克蜀地，吞并张鲁，然后留孙瑜固守蜀汉，跟马超联合，我再回军与将军一起在襄阳牵制曹操，这样北方就可以征服了。"孙权同意了周瑜的意见。

｜刘备像｜

周瑜的计划完全是把刘备排除在外的。以当时东吴的实力，要击败占据蜀地的刘璋可以说是易如反掌，击败刘璋之后，汉中的张鲁势必也会被吞并，这样，东吴就占据了长江以南所有的版图。在西可以以汉中为跳板进攻长安，在东可以在江陵、襄阳以及长江下游的广阔地区出击，威胁中原。真能这样的话，三国的历史肯定会被改写，曹操家族能否取代汉朝也成为未知。而此时还寄人篱下的刘备也就完全没有未来了。然而，上天并没有给周瑜这个机会。就在周瑜回江陵的路上，他身染重病，走到巴丘的时候就死了，死时年仅三十六岁。

周瑜死前，推荐鲁肃接替自己的位置。这对刘备来说是一个重大利好。果然，鲁肃上任之后第一件事情就是建议孙权把荆州借给刘备。

荆州原来是刘表的地盘，刘表死后，刘琮投降曹操，荆州也就被曹操占领。赤壁之战后，曹操退回北方，荆州自然就成了孙权的地盘。前文说过，在对待刘备的问题上，周瑜和鲁肃的观点是相反的。周瑜在临终前给孙权的表章上还说"刘备寄寓，有似养虎"，按照他的意见，根本不能给刘备任何立足之地。但是鲁肃站在与曹操抗衡的角度，认为应该让刘备坐大，成为抵抗曹操的同盟军。于是在他的建议之下，孙权将荆州借给了刘备。

刘备终于基本结束了前期颠沛流离的生活，开始有了一块属于自己的地盘。此时的他估计最感谢的就是自己的得力谋士诸葛亮。诸葛亮此前在《隆中对》里就为刘备分析了天下大势，指出应该联合孙权。而且诸葛亮别具慧眼地提到了占据荆州的意义：

> 荆州北据汉、沔，利尽南海，东连吴会，西通巴、蜀，此用武之国，而其主不能守，此殆天所以资将军，将军岂有意乎？①

固然，诸葛亮说这话的意思是希望刘备从刘表手中夺取荆州。谁知道变化总是比计划快，刘表死后尸骨未寒，刘琮投降曹操，荆州也被曹操占据。本以为此生与荆州再也无缘，谁知道竟然能从孙权手里"借"荆州，这无疑让刘备喜出望外，因为只有拥有了荆州，他才拥有了问鼎天下的资本。

取得荆州之后，刘备就开始进行下一步行动：攻取巴蜀。

这步行动也是多年前诸葛亮给他指出来的：

> 益州险塞，沃野千里，天府之土，高祖因之以成帝业。刘璋暗弱，张鲁在北，民殷国富而不知存恤，智能之士思得明君。②

---

① 出自《隆中对》。
② 同上。

事实上，赤壁之战后，对蜀地感兴趣的不只是刘备，还有一个重要人物，就是孙权。

赤壁之战结束后，周瑜和甘宁等大将就多次劝说孙权攻取蜀地，但是攻打蜀地要经过刘备驻扎的荆州，于是孙权派使者对刘备说："刘璋无能，无法自守。如果曹操得到蜀地，荆州就危险了。现在最好先攻打刘璋，之后攻打张鲁，统一南方。这样即使有十个曹操也没有什么可忧虑的了。"

刘备则咿咿呀呀找了一大堆理由来阻拦。一会儿说刘璋虽然弱，但还是能够坚守蜀地啦；一会儿说蜀地距离遥远，后勤补给跟不上，出兵很困难啦；一会儿说我们跟刘璋算是同盟，自相残杀会让曹操找到机会啦。最后搬出了王牌，说自己跟刘璋都是汉朝宗室之后，应该齐心协力匡扶大汉。

面对刘备的各种托词，孙权自然是不会相信的。周瑜死后，孙权还是派奋威将军孙瑜率兵准备西攻刘璋。孙瑜的军队要经过荆州，刘备阻挡军队不让过，还颇为煽情地说："你想攻打蜀地，我就披发逃进山林，告诉天下人我不是失信的人！"

同时派关羽驻扎江陵，诸葛亮驻扎南郡，张飞驻扎秭归，自己率兵驻扎孱陵，挡住孙瑜的进军之路。此时的孙权还不想跟刘备翻脸，于是只好下令让孙瑜撤军。

刘备不让孙权攻打蜀地当然不是出于上面那些原因，而是从《隆中对》那时开始，他就把巴蜀作为自己的禁脔，绝对不会让别人染指。在拒绝了孙权之后，刘备就以迅雷不及掩耳之势攻取巴蜀：

建安十六年（211年），刘璋在张松的劝说下邀请刘备入蜀讨伐张鲁；

建安十七年（212年），张松卖主阴谋败露被杀，刘备与刘璋决裂，南下攻益州；

建安十九年（214 年），刘璋投降，刘备取得益州，自任益州牧。

刘备攻打刘璋的消息传来时，孙权大怒说："狡猾的东西，竟然这样狡诈虚伪！"

刘备终于拥有了一块真正意义上的立足之地。这时候孙权想，刘备应该还荆州了吧？于是在建安二十年（215 年），孙权派使者向刘备讨要荆州。刘备的回答是："等我攻克了凉州就把荆州还给你。"孙权大怒，他明白，不使用武力，荆州是永远夺不回来了。

关羽大意失荆州

刘备的诡诈让孙权十分生气，但是这时候孙权都还没有直接使用武力，他采取的方法是自己委任了长沙、零陵、桂阳三郡①的地方官，让他们去上任。不出所料，这些地方官刚上任就被关羽撵走了。孙权终于决定来真的，于是派遣吕蒙率兵两万攻取三郡。

此时刘备的主力在蜀地，关羽的力量无法与东吴抗衡。因此吕蒙派人送信给长沙、桂阳的守令，两郡马上投降。只有零陵太守郝普坚守城池拒绝投降，吕蒙率军围住了零陵。刘备听说之后，火速从蜀地回军驻扎公安，派遣关羽出兵与孙权争夺三郡。孙权知道之后，马上命令吕蒙放弃零陵，回军阻挡关羽。

吕蒙得到孙权的信后并没有马上撤围，他找来郝普的旧友邓玄之说："郝太守想做忠义之士，但是找错了时机啊。现在刘备被夏侯渊围在汉中，关羽又远在南郡，而我主公孙将军亲自率军前来，刘备自身都难保，

① 东汉三国时期，荆州分为七郡：南阳郡、南郡、江夏郡、武陵郡、长沙郡、零陵郡和桂阳郡。

哪里还有能力来争三郡。我现在率军攻打零陵，分分钟就能破城，城破之后，就算身死又能有什么用处？而且让百岁白发老母受牵连，一起被诛杀，难道不让人哀痛吗？！我估计郝太守不知道外界消息，以为很快援军可以到达，才这样负隅顽抗。你可以去见他，把祸福形势跟他讲清楚。"

邓玄之进城见到郝普，把吕蒙的话转述给他，郝普果然害怕，开城投降。吕蒙受降后，才把孙权的信拿给郝普看，并拊掌大笑。郝普看了信，才知道刘备在公安，关羽在益阳，援军近在咫尺，自己却受了吕蒙的骗开城投降，一时间惭愧得想钻到地里。

关羽像

三郡已经不可能夺回，刘备的沮丧可想而知。这时候鲁肃提出想跟关羽谈判，手下害怕鲁肃被关羽杀害，都劝阻他。鲁肃说："是刘备辜负我们，现在是非也没得到解决，关羽怎么敢害我！"

于是邀请关羽相见，双方都把兵马陈列在百步之外，只让诸将佩着单刀参会。这就是著名的"单刀赴会"的故事。《三国演义》中为了突出关羽的忠勇，把鲁肃塑造成了一个懦弱无能之辈。事实上单刀会中恰恰是鲁肃义正词严，把关羽责备得无言以对。此时传来消息，曹操率军攻打汉中，刘备怕益州有失，于是向孙权求和。孙权也不想与刘备闹翻，于是双方平分荆州，以湘水为界，长沙、江夏、桂阳以东属孙权，南郡、零陵、武陵以西属刘备。

没有了后顾之忧的刘备全力对付曹操，终于在建安二十四年（219年）击败曹操，夺取了汉中，同年，刘备进位为汉中王。此时刘备的势力几乎达到顶峰。

按照诸葛亮《隆中对》的战略部署，刘备第一步是夺取荆州，第二步是占据蜀汉，现在这两个目标都达成了，第三步就是：

> 天下有变，则命一上将将荆州之军以向宛、洛，将军身率益州之众出于秦川。

也就是说，采取两道并进的方式，从东西两个方向先后开始北伐。诸葛亮预料，如果事情顺利，"则霸业可成，汉室可兴矣"。而这位"将荆州之军"的"上将"就是关羽。

刘备进位汉中王后不久，关羽就开始了北伐。建安二十四年（219年），关羽出兵攻打襄阳和樊城，将曹操大将曹仁围困在樊城中。曹操命令大将于禁、庞德率军三万紧急救援樊城。此时天降大雨，于禁、庞德军又驻扎在低洼地带，关羽趁机水淹七军，擒获于禁，斩杀庞德。曹操的援军全军覆没，樊城岌岌可危。关羽威震华夏，连曹操都对其畏惧有加，甚至有了迁都的想法。而此时，孙权派人给曹操送信，表示愿意攻打关羽帮曹操解围，这封信彻底改变了战争的态势。

孙权与刘备结盟是为了共同对抗曹操，但是他肯定也不愿意看到刘备势力过于强大，如果刘备消灭了曹操，东吴肯定也岌岌可危。对孙权的想法关羽也不是不清楚，因此他一方面在前线与曹军作战，另一方面在后方也留足了驻守的军队。吕蒙给孙权上书说："关羽害怕我们突袭他后方，不妨我以生病为由回建业，关羽听说后一定会将后方军队全部调往前线，这样我们就可以趁其后方空虚偷袭。"孙权同意了，于是公开召吕蒙回建业。

吕蒙路上经过芜湖，遇到了当时还只是定威校尉的陆逊，陆逊说："关羽与大人防地相邻，大人怎么能放心离开回建业？"

吕蒙回答："的确是这样，但无奈我病重，只好回去啊！"

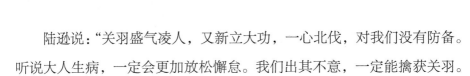

陆逊说:"关羽盛气凌人,又新立大功,一心北伐,对我们没有防备。听说大人生病,一定会更加放松懈怠。我们出其不意,一定能擒获关羽。大人见了主公,可以商议此事。"

吕蒙佯装不赞成:"关羽向来勇猛,很难对付。再加上又刚打了胜仗,胆气勃发,不好战胜啊!"

吕蒙回到建业,孙权问:"谁可以接替你?"

吕蒙回答:"陆逊眼界宽阔,能力很强,一定能承担大任。而且他没有名气,关羽不会顾忌他,没人比他更合适了。不过如果要用,一定要让他韬光养晦,见机行事。"

孙权于是任命陆逊为偏将军、右都督,接替吕蒙。

关羽得知吕蒙回建业养病,放松了警惕,渐渐把后方的军队抽调到前线作战。而此时关羽受降于禁军队数万人,借口粮食不够吃,便擅自抢劫东吴储存在湘关的米。孙权便委任吕蒙为大都督,发兵攻击关羽。

吕蒙得到任命,将战船伪装成商船,让手下穿着商人的白衣摇橹,精兵全部隐藏在船中,昼夜赶赴南郡。关羽安排在江边的巡逻兵全部被吕蒙抓住,关羽没有得到一点信息。这事史称"白衣渡江"。就这样吕蒙顺利攻入江陵。关羽的家属和手下将士的家属都在江陵,吕蒙对他们善加抚慰,要求手下不许冒犯他们。

关羽得知南郡被破,只好南返。关羽多次派使者去江陵,吕蒙总是善待使者,还让他们在城内随意参观,允许他们探访家属,甚至允许他们互通书信。将士们得知家人无恙,都没有了斗志。此后孙权亲自到江陵,荆州吏民都纷纷归附东吴。

关羽见大势已去,悔恨莫及,他手下的将士也纷纷叛逃。关羽日暮途穷,只好退守麦城。孙权派人招降,关羽假装投降,把旗帜立在城楼上装作有人的样子,自己则带着部队悄悄向西逃走。路上士兵逃散,最后只剩下十几个手下。关羽一路突围，当来到距离益州不过一二十里的临沮时，遭遇东吴将领马忠的埋伏，关羽被擒，与其子关平一起被杀。这是建安二十四年十二月（220年1月中下旬至2月上旬）。

魏文帝黄初二年（221年），刘备决定为关羽复仇，出兵攻打东吴。

火烧连营

建安二十五年（220年）正月，曹操在洛阳逝世。太子曹丕继任魏王、丞相，改元为延康。延康这个年号只使用了几个月，因为到这一年的年底，曹丕就接受了汉献帝的禅位，即位为皇帝，改元黄初。退位后的汉献帝被封为山阳公，东汉正式灭亡。

得知曹丕篡位的消息后，刘备在公元221年于成都称帝，他以继承汉朝正统自居，因此国号叫"汉"，改元章武。

荆州被占，关羽被杀对刘备打击很大，他即位才三个月，就决定出兵讨伐东吴。很多大臣都表示反对，翊军将军赵云进谏说："我们的国贼是曹操而不是孙权，如果我们先灭魏，孙权自会降服。现在曹操虽然死了，但是他儿子曹丕篡位盗取国柄。我们应该顺应民意，进攻关中，占据黄河和渭水上游讨伐逆贼，关东义士肯定会带着粮食骑马迎接我们。不应该放弃魏国而与吴国交战。一旦开战，兵祸很难轻易解除，这不是上策。"

其他很多大臣也纷纷进谏。但是此时的刘备已经被愤怒冲昏了头脑，任何人的意见都听不进。而此时，发生了另一件大事，这更让刘备怒火攻心，执意伐吴。

这就是张飞被杀事件。

张飞像

张飞名气次于关羽，与关羽的为人也不一样。关羽对手下温和但是对士大夫傲慢，张飞对士大夫温和却对手下严酷。以前刘备就经常警告他："你经常鞭打手下，之后还留他们在左右，这会给你带来祸患。"张飞不听。刘备要伐吴，张飞率军万人从阆中出发到江州与刘备会师，临出发前，张飞被手下张达和范强杀害，两人带着张飞的头顺流而下投奔孙权。

两员大将的死让刘备愤怒到极点，这下任何人也无法劝阻他了。魏文帝黄初二年，蜀汉章武元年（221年）七月，刘备率军攻打孙权。孙权派人求和，刘备不听，执意进军。

荆州失去以后，吴蜀两国的边界推到了巫山，三峡成为两国的主要通道。刘备派将军吴班、冯习攻打巫山，击败孙权手下李异和刘阿部队，四万余蜀军进驻秭归，武陵的蛮夷也派兵相助。孙权则委任镇西将军陆逊为大都督，带领朱然、潘璋、韩当、徐盛等将领率兵五万拒战。

黄初三年（222年），刘备亲自领兵从秭归出发攻击吴国。吴国将领想迎敌，陆逊说："刘备举国来攻击，锐气很盛。而且他们在高处守住险要之地，我们很难攻击，即便攻下，也很难完全消灭敌人。一旦失利，我军会大受损失，这不是小事。我们只要让敌人在崇山峻岭中疲惫不堪，就可以趁他们困顿从容地击败他们。"

陆逊被吕蒙推荐担任偏将军的时候只有三十七岁，此时也刚刚四十岁，相比于徐盛、朱然等老将，他的资历是很浅的。因此他的话大家都不相信，认为他是畏敌不进，心中都满怀愤恨。

五月，蜀汉军队从巫峡开始，到建平一直到夷陵立了几十个营寨，与吴军对峙，而吴军就是坚守不出。刘备派吴班带领几千人在平旷地带扎营。吴国将领纷纷想出兵攻打。陆逊说："其中恐怕有诈。"果然，刘备事先命令八千伏兵藏在山谷中等待吴军攻击，看此计不成，刘备只好让伏兵都出来。陆逊说："之所以前面不让各位出击，就是因为我估计敌人有诡计。"经过这件事，诸将开始对陆逊有了一些信任。

而此时的刘备一心求战，已经昏了头。当时正逢盛夏，酷热难当。刘备原来是水陆并进，这时候便让军队全部上岸，在山林中扎营。陆逊知道后大喜，给孙权写信说："刘备舍船就步，处处结营，我观察他的布置，肯定不会有其他变化。主公可以高枕无忧，不用担心战事了。"

远在北方的魏文帝曹丕听到刘备在山林间连营七百里的消息也十分震惊，说："刘备根本不懂兵法！哪里有连营七百里可以拒敌的？兵法上说，把大军铺展在地势复杂的地方必然被敌人擒获。这是兵家大忌。孙权胜利的消息很快会传来了。"

经历了长时间的撤退和固守后，陆逊终于开始了反攻。他命令士兵每人手持一把茅草，用火攻的方式击破了刘备的一座营寨，紧接着统率诸军从各个方向发动猛攻，蜀将张南、冯习以及蛮王沙摩柯等被杀，杜路、刘宁等投降，刘备四十余座营寨全部被攻破。刘备率手下登上马鞍山，士兵在周围护卫。陆逊催促军队把蜀军重重包围，蜀军大败，死者数万。刘备见大势已去，只好趁夜逃走。吴军在背后追击，蜀军在驿站焚烧马鞍铠甲等阻挡吴军，刘备才得以仓皇逃到白帝城，蜀军的舟船、器械和其他军事物资损失殆尽。

夷陵之战让蜀汉元气大伤，诸葛亮在《隆中对》里提出的战略构想彻底失败，这意味着蜀汉进取中原统一天下的梦想基本上已经不可能实现了。这一战也让刘备羞愤不已，次年他在白帝城去世，临终前将所有军政大权委托给丞相诸葛亮，太子刘禅即位。

孤注一掷
——诸葛亮北伐

内忧外患

刘备死后，留给了诸葛亮一个内忧外患的烂摊子。

按照当年诸葛亮在《隆中对》中为刘备提出的未来规划，刘备要争夺天下的基础条件是同时拥有荆、益两州，以物产丰富的益州作为大后方，并以地形险要的荆州作为前线战场。一旦时机成熟，"命一上将将荆州之军以向宛、洛，将军身率益州之众出于秦川"，两路夹击中原，诸葛亮预测，在刘备强大的军事力量和他汉室之胄的感召力下，百姓一定会箪食壶浆以迎王师。理想很丰满，现实却很骨感，这个规划随着关羽的败亡化为了泡影。

诸葛亮像

荆州失陷对蜀国的打击是致命的，它让诸葛亮两路夹击中原的战略构想彻底成为泡影，不仅如此，刚刚立国的蜀汉甚至还面临着魏吴两家的夹击，不仅完全丧失了战略主动权，连生存都马上成了问题。蜀汉君臣完全没有料到，在关羽势如破竹的时候，吴国居然会放弃赤壁之战结成的孙刘联盟，转而投向宿敌曹操，导致荆州失落，关羽败亡。

当然，这也怪不得孙权。三国乱世，尔虞我诈，朝秦暮楚已经是常态，此前刘备霸占荆州，夺取益州不也是给孙权下了套？这样说来，刘备做初一，孙权做十五，以其人之道还治其人之身，刘备也算求仁得仁了。

当然刘备自己是不会这样想的。

在失去荆州后，刘备仓促向东吴开战，一方面是为关羽报仇，一方面也是想趁孙权立足未稳将荆州夺回。可惜虽然东吴在荆州的确立足未稳，但刘备的仓促进军更是跟跟跄跄，结果蜀军在夷陵惨败，一国之力尽丧于一战，刘备自己也把老命赔了进去。

夷陵之战后，曾经叱咤风云的刘备、关羽、张飞都死了，黄忠此前一年也离开了人世，夷陵之战中，蜀国众多还在培养的如傅彤、马良、张南、冯习等年轻代将领也悉数阵亡，赵云、马超已经老了，蜀汉所有的希望都寄托在一个人身上——诸葛亮。

夷陵之战后，蜀汉的敌人除了老对手曹操，又多了刚刚化友为敌的东吴，强敌环伺，危机四伏；除了外患严峻，内忧也此起彼伏。

刘备去世后，蜀中的太守和豪强大族先后反叛，此时执掌大权的诸葛亮，的确是"受任于败军之际，奉命于危难之间"。

面对这样的状况，诸葛亮采取的策略是"攘内必先安外"。他先派邓芝出使东吴进行结盟，这个任务其实并不艰难。因为三国的君主奉行的政策都是一样的：除非自己势力坐大，否则必须在三国中维持平衡。简而言之，就是谁强了我就与弱的一方结盟，这也是此前孙权与曹操合伙算计关羽的最根本原因。此时蜀汉已经元气大伤，如果孙吴还站在曹操一边，那么曹操灭掉蜀汉后，下一个目标肯定是自己。因此孙权乐得做个顺水人情，同意了与蜀汉重修盟好。

东边的威胁暂时解除了，诸葛亮的终极目标仍然是北进中原，兴复汉室。不过在此之前，他还得料理下后院失火的问题。

北伐中原

建兴三年（225 年），诸葛亮率军南征，"五月渡泸，深入不毛"，打败雍闿，七擒孟获。南征后，蜀国的南方终于获得了一个相对稳定的局面，而诸葛亮也得以将南方真正纳入蜀汉的管控之中，将其变成了蜀汉的另一兵源和赋税产地，以此来支持他下一步的军事行动——北伐中原。

蜀汉一直宣称自己是大汉王朝的合法继承者，这不仅是其立国之本，也是其合法性存续的基础。因此一直将"兴复汉室，还于旧都"作为自己的首要目标。同时，刘备对于诸葛亮的知遇之恩在诸葛亮的内心中也具有相当的分量。在诸葛亮南征后，南中依然叛乱不断，然而一心完成自己人生目标的诸葛亮明显已经顾不上这些了。在向刘禅呈上了自己的《出师表》后，诸葛亮正式开始了自己的第一次北伐。

然而此时的局势比夷陵之战后已经有了巨大改变。以偏安西南的蜀汉羸弱的国力，想要北伐击败占据中原的强大曹魏，这无疑是痴心妄想。诸葛亮在《隆中对》提出的战略是同时占有两州（荆州、益州）之地，并以此对魏国发起合击，以诸葛亮在《隆中对》的规划，蜀汉想要对占据中原的魏国出兵，其关键就在于"北据汉、沔，利尽南海，东连吴会，西通巴蜀"的荆州。然而此时的荆州已经被东吴所占据，为了保持和东吴的盟友关系，诸葛亮也无法再对东吴用兵。于是诸葛亮只能退而求其次，从魏国那里再取得一州之地。既然从东边找一州已然不可能，诸葛亮决定从西边找到这个州，这就是陇右之地。

在第一次北伐中，诸葛亮采用了声东击西的战术。他先是命令赵云和邓芝作为疑军，在箕谷抵挡住魏国大将军曹真的军队，自己则亲率大军进攻祁山。一时间，南安、天水和安定三郡纷纷叛变以响应诸葛亮。

在得知诸葛亮犯境后，魏明帝曹叡也只能立刻派出张郃前来对抗。经过多年的南征北战，在官渡之战时投降曹操的张郃已经成长为威震天下的名将。为了给自己彻底攻取陇右争取时间，诸葛亮派马谡在街亭阻挡张郃的援军。对于诸葛亮来说，只要马谡能抵挡住张郃一段时间，使他能够完全攻取陇右地区就已经足够。但也许是第一次带领军队的马谡想要好好表现自己，于是他将战役的目标从固守改成了全歼敌军，并按照"居高临下"的原则将全军驻扎在了山上。而马谡的这一举动，最后却使得他全军溃败，就连街亭也落入敌手。

张郃到达街亭后并没有立刻发起进攻，而是将整座山团团围住，并截断了马谡军队的水源。马谡多次组织军队突围，均被张郃击退。再加上水源被截断，马谡的军队军心大乱，最后被张郃一举击败，马谡本人也临阵脱逃。

击败马谡后，张郃立刻带领大军抵达南安、天水和安定三郡，将城中的叛乱悉数平定。诸葛亮无奈，只能从西县迁走了千余人后率军退还。在箕谷对抗曹真的赵云失去了后援，也只能带兵退还。赵云此时再次发挥了他稳定持重的行军风格，在撤退过程中亲自断后，据险固守，从容不迫，最后从箕谷安全撤回。

这是诸葛亮第一次北伐，也是最成功的一次北伐，其成功很大程度上是因为出其不意。刘备死后，魏国朝野上下都认为蜀国会就此一蹶不振，对蜀国并没有任何防备，因此在战争初期魏国陷入被动。但是面对强大的魏国，诸葛亮的闪电战红利很快耗尽，虽然诸葛亮的这次进攻震惊了整个魏国，但当魏国缓过神来之后组织反击，实力悬殊的蜀汉失败其实也是必然的。

这也是诸葛亮距离自己目标最近的一次。虽然诸葛亮在出发前声称要"兴复汉室，还于旧都"。但要在国力如此悬殊的情况下一举将强国攻灭，那是神仙才能够做到的事情。此时，诸葛亮依旧想要恢复自己《隆中对》的战略——同时占有两州之地，在第一次北伐中，陇右五郡有三郡已经投降蜀军，剩下的两郡也是岌岌可危。此时的诸葛亮距离占据陇右仅有一步之遥，但这一切随着马谡在街亭的失败化为了泡影。在此之后，魏国也对蜀国逐渐有所防备，诸葛亮只能被迫以硬碰硬的方式与实力强大的魏国展开正面对抗了。

《三国演义》中为了突出司马懿与诸葛亮之间的强势对决，刻意削弱了曹真的军事实力，甚至最后让曹真在战败后被诸葛亮写出的一封信气死。但是在真实的历史中，曹真智勇双全，是当时魏国的国之栋梁，并在诸葛亮北伐的过程中多次与诸葛亮进行对峙。经历了诸葛亮的第一次北伐后，曹真开始积极组织起对于蜀国的防御。由于诸葛亮第一次北伐是从祁山出击，曹真断定诸葛亮的下一个目标就是陈仓。果然，诸葛亮第二次进行北伐时，被曹真举荐的将领郝昭阻挡在陈仓城下，而曹叡则再次派出张郃前往陈仓支援。

在张郃临行时，曹叡曾担心地向张郃问道："等到将军抵达时，诸葛亮会不会已经把陈仓攻陷了？"

而张郃作为久经沙场的老将，在此时对诸葛亮的军情做出了准确的判断："我抵达陈仓之前，诸葛亮就会撤走了。我屈指计算，诸葛亮的粮草支撑不了十天。"[1]

---

[1] 故事见《三国志·魏书·张乐于张徐传》。

果然，诸葛亮久攻陈仓不克，又听闻张郃率军前来，只能主动撤军。

聪明人的对抗

第二年，诸葛亮派出陈式进攻武都、阴平二郡，魏国的雍州刺史郭淮率军与陈式交战。诸葛亮听闻后，亲自来到前线指挥军队。郭淮见到蜀军主力到来，便主动退走，于是诸葛亮平定了武都、阴平二郡。在第一次北伐失利后，诸葛亮主动申请对自己进行降职处理。平定二郡后，诸葛亮也终于因战功官复原职了。

诸葛亮的两次北伐虽然未能给魏国带来实际性的损失，但也极大地动摇了魏国的边境安全。于是，为了使边境地区获得稳定，魏明帝曹叡派曹真、张郃和司马懿等将领兵分多路，主动对蜀国发起进攻。《三国演义》中将这次战役也算入了诸葛亮的战绩之中，因此才有了我们熟悉的"六出祁山"。但是如果不算这次由曹魏发起的主动进攻，诸葛亮实际上只发起过五次北伐，其中只有两次是从祁山出兵，因此实际上只有"二出祁山"了。

曹真等将领的军队在出发后却遇上了持续三十多天的大雨，甚至有些栈道都受到了破坏。曹真等人无法进军，军队的意志也因为连绵大雨而逐渐低迷，魏明帝只有诏令曹真退兵。曹真在回到洛阳后就染上了疾病，不久后便去世了。

建兴九年（231 年），诸葛亮再次从祁山出兵。只不过这一次，诸葛亮的对手换成了司马懿。然而在这次北伐过程中，诸葛亮再次遇到了一直困扰着他的严重问题——缺粮。

益州的地势险峻，易守难攻，李白就曾面对着天然雄关剑阁发出过"蜀道之难，难于上青天"的感慨。当然，这艰难也是双向的，在没有

任何机动运输工具的古代，蜀道天险也是向外运输军粮的最大阻碍。如果荆州仍然掌握在蜀汉手中，诸葛亮便可以通过荆州便捷的水路毫无阻碍地将军粮运送到前线战场。然而，诸葛亮此时却只能通过崎岖的蜀道运送军粮。而诸葛亮北伐也有多次都是因为军粮不继而选择了退兵。为了弥补这个缺陷，诸葛亮在此次北伐中用上了他的新发明木牛来运送军粮。传说这种木制的机械可以自己走路，也不用喝水吃草。但即使是木牛流马也无法完全弥补蜀军在军粮方面的劣势，于是，诸葛亮又将他的目光投向了上邽。

此时，上邽城中的麦子即将成熟，司马懿屯扎了四千精兵留守上邽，自己则率全军朝着诸葛亮所在的祁山扑来。对于这位多次进犯魏国的蜀国丞相，司马懿也不敢有丝毫大意，几乎摆出了一副要和诸葛亮决一死战的态势。而诸葛亮却屯扎兵马阻挡住司马懿，自己则亲自去进攻上邽。上邽的守军为了保护麦田而对诸葛亮发起进攻，结果被诸葛亮击败，上邽还未成熟的小麦也被诸葛亮割除破坏。此时司马懿带军前来支援上邽，诸葛亮见状，还未来得及将麦子割除完毕就引军退守。由于司马懿固守不出，诸葛亮只能引军撤退。即使是这样，诸葛亮也对魏军的军粮造成了极大的破坏。

然而，司马懿并不打算就此结束与诸葛亮的交锋。此次是司马懿第一次统领大军与诸葛亮展开对决，而司马懿也志在一劳永逸地解决蜀军的进犯。因此，司马懿不顾张郃的劝阻，一直追击着诸葛亮的主力来到了卤城。但到达卤城后，司马懿又驻军与诸葛亮进行对峙，导致军中对他极为不满，甚至有人议论道："您害怕蜀国就像害怕老虎一样，这样子岂不是要为天下人所笑吗？"①

---

① 《汉晋春秋》："公畏蜀如虎，奈天下笑何！"

面对着混乱的军心，司马懿迫不得已，只能率军出战，结果被诸葛亮打得大败，折损三千多人，司马懿只得回营继续固守。此时，诸葛亮对上邽麦田的破坏也发挥出了作用，魏军的军粮逐渐耗尽。若不是曾任雍州刺史的魏军将领郭淮从羌人那里征收了大量的军粮，可能魏军也要如同蜀军一般陷入断粮的困境。正逢此时天降大雨，蜀军的军粮未能及时送达。面对战场形势的变化，诸葛亮也只能选择退兵。见蜀军撤退，司马懿立刻令张郃带兵追击。然而诸葛亮也不是等闲之辈，即使是撤退，诸葛亮也做足了万全的措施。赶来追击的张郃在木门谷中了诸葛亮的埋伏，被蜀军射杀。

这一次战争对于司马懿来说无疑是个惨重的打击。作为第一次由自己指挥的对抗诸葛亮的战役，司马懿本来想在这一次战役中彻底了结诸葛亮对魏国的进犯，并以此建立起自己在魏国内的威信。然而司马懿不仅在卤城被诸葛亮打败，还因为自己的失误而导致当时名震天下的良将张郃马革裹尸。可想而知，司马懿收兵回国后，绝不会得到什么好脸色。

值得一提的是，司马懿在这一次战争中已经表现得谨慎了不少。在以往的行军经历中，司马懿一直秉承着"侵掠如火"的行军策略。当诸葛亮第一次北伐时，魏国的新城太守孟达就想趁机谋反以响应诸葛亮。孟达认为司马懿需要向曹叡上奏后再来讨伐自己，往返需要一个多月，因此并未多做防备。没想到司马懿按照"将在外，君命有所不受"的原则，并未上奏曹叡就赶来讨伐孟达，八日之内就到了新城。孟达措手不及，被司马懿擒杀。

到了面对诸葛亮的时候，司马懿几乎都是先进行主动防御，在对方露出弱势时再进行战略反攻。即使是这样，司马懿仍然在诸葛亮的手中一败再败。于是，当司马懿面对着诸葛亮的最后一次北伐时，便无比坚决地不与诸葛亮交战了。

出师未捷身先死

三年之后，诸葛亮再次率大军从斜谷进军。也许是诸葛亮感觉到自己时日不多，因此也迫切地想与司马懿决一死战，并且用上了与木牛相似的另一发明——流马来运送军粮。但是司马懿似乎是吸取了上一次的教训，在渭南与诸葛亮扎营对峙。诸葛亮急于求战，多次向司马懿挑战，甚至给司马懿送去一件妇人的服饰来侮辱司马懿如女人一般胆怯。司马懿于是向魏明帝上表请求决战，而魏明帝也非常配合地命令司马懿不许出战，甚至派出了重臣辛毗拿着天子符节来阻止司马懿出战，这才让司马懿的军队安心固守。

诸葛亮听说这件事后，也只能叹息着说："司马懿本来就没有与我对战的想法，他一直向魏帝请战只不过是为了在军队中立威而已。所谓'将在外，君命有所不受'，要是他真的有把握战胜我，又何必要不远千里地去向魏帝请战呢？"①

诸葛亮见司马懿不肯出战，己方的粮草也逐渐无法接济，只有就地屯田，准备与司马懿进行长久对峙。然而，由于诸葛亮始终奉行着事必躬亲的原则，沉重的工作量让诸葛亮的身体每况愈下。

在与司马懿对峙期间，诸葛亮曾经派使者来到司马懿的军中，司马懿便向使者问道："诸葛先生平时生活怎么样？一顿吃多少饭？"

使者不敢隐瞒，说道："三四升。"

于是司马懿又问起诸葛亮日常事务的处理，使者回答道："诸葛丞相

---

① 原文见《晋书·宣帝纪》。

对于二十军杖惩罚以上的事务都要亲自处理。"

听到这里，司马懿便起身和其他人说道："这样下去，诸葛亮活不长了！"①

不久以后，诸葛亮果然在五丈原病逝。而轰轰烈烈的北伐也随着诸葛亮的去世落下了帷幕。

诸葛亮的所有北伐过程中，大多将陇右地区作为军事目标。将陇右夺取后，便可以隔断凉州与中原地区的联系，进而将凉州纳入蜀国的版图之中。如果蜀国能同时占有益州、凉州，便是将中国西边的整片疆土纳入了管控范围。到那时，蜀国便可以凭借中国地势西高东低的特点对中原地区发起居高临下的打击，甚至有可能如同数百年前的秦国一般扫清六合。同时，凉州也是魏国主要的战马产地。拥有凉州便意味着可以大规模地训练冷兵器时代具有绝对压制力的兵种：骑兵。因此，诸葛亮自始至终都未曾放弃他在《隆中对》中的规划，只是将原计划中的跨有荆、益，修改为跨有益、凉。但由于魏国与蜀国之间巨大的国力差距等原因，诸葛亮的多次北伐都以失败告终。

在诸葛亮之后，蜀国大将军姜维又发动过多次北伐，但大多劳而无功。蜀国的国力也在长年累月的战争中消耗殆尽，加以蜀后主刘禅在执政后期宠信宦官导致财政腐败，蜀国逐渐如同西山落日，积重难返，最后只能在灭亡的边缘苟延残喘了。

---

① 《晋书·宣帝纪》："帝既而告人曰：'诸葛孔明其能久乎！'"

政归司马氏
——西晋的建立

废　帝

嘉平六年（254年）九月，魏国郭太后发布了一道措辞严厉的诏令，诏令中，这位魏明帝曹叡的皇后，当时皇帝曹芳名义上的母后，对皇帝即位后的荒淫行为进行了严厉的斥责：

> 皇帝芳春秋已长，不亲万机，耽淫内宠，沈漫女德，日延倡优，纵其丑谑；迎六宫家人留止内房，毁人伦之叙，乱男女之节；恭孝日亏，悖傲滋甚，不可以承天绪，奉宗庙。[①]

这段话翻译过来大意就是：皇帝曹芳已经成年，但是不留心国事政务，成天沉溺于女色，喜欢宴游嬉戏；把宫人的家属带进宫里过夜，不顾人伦，道德败坏，已经失去了做皇帝的资格。

时任大将军的司马师召集大臣商议，认为曹芳不应该继续待在皇帝

---

① 《三国志》卷四《三少帝纪第四》。

宝座上，于是派使者进宫见太后和皇帝。当时太后正在与皇帝曹芳对坐聊天，使者说明来意，太后十分愤怒。

使者不屑地说："太后不能好好教导儿子，现在大将军心意已定，并且已集结军队在宫外守候，防备非常之事，您只管遵照大将军旨意做就是了，何必多言！"

太后说："我想见大将军！我有话要说！"

使者说："大将军不是想见就能见的！您只管把皇帝玺绶交出来就行了。"

看到这里，大家也许会觉得奇怪：皇太后既已下诏废皇帝，可为什么这时候似乎全不知情？

原因很简单，所谓的皇太后诏书，不过是大将军司马师自拟的。皇帝曹芳之所以被废，当然也不是因为"诏书"里面那些捏造出来的理由。事实上，五年前的高平陵之变后，曹芳乃至魏朝的命运就已经注定了。这一切还得从超长待机的司马懿说起。

高平陵之变

司马懿比曹操小二十四岁，是曹操手下的得力谋士，不过对于曹丕来说，司马懿的意义更加重要。司马懿比曹丕大八岁，在争夺世子之位的斗争中，这位大哥为曹丕出了不少力。公元220年，曹操去世，司马懿四十二岁，正当壮年。也就在这一年，曹丕接受汉献帝禅让，登上皇位，司马懿被任命为尚书，封安国乡侯。曹丕的皇位只坐了六年多，他于黄初

司马懿像

七年（226年）去世，只活了四十岁。曹丕去世前，令司马懿与中军大将军曹真、镇军大将军陈群、征东大将军曹休为辅政大臣，共同辅佐魏明帝曹叡。曹叡即位后，改封司马懿为舞阳侯。曹叡比曹丕更短命，他当了十三年皇帝之后于景初三年（239年）去世，只活了三十六岁。他临死的时候，司马懿刚刚在辽东襄平（今辽阳）平定了公孙渊。

司马懿刚刚到襄平的时候做了一个梦，梦见魏明帝头枕在自己膝盖上对自己说："你看看我的脸。"司马懿低头一看，发现皇帝的脸跟平时大不一样，心里就很不舒服。等他剿灭了公孙渊，在回朝路上一天来了五次诏书，最后一道是皇帝手诏，上面说："我一直在等待你回朝，到了之后直接开门进来，看我的脸。"司马懿大惊，日夜倍道回到朝中，原来魏明帝已经命在旦夕。

魏明帝命令司马懿与大将军曹爽一起辅佐太子，之后驾崩。这一年，司马懿六十一岁。

事实上曹家对司马懿一直是心存戒备的。曹操早就察觉司马懿内忌而外宽，猜疑心重，善于权变，而且这个人志向远比一般人远大。据说司马懿有一种特殊技能，能做狼顾。狼顾是指狼回头看，古人认为狼生性多疑，经常回头观望，就用它来比喻疑心重。曹操专门做过一次测试：司马懿走在前面的时候，曹操故意叫他，司马懿头转过来正对着后面的曹操，而身体居然一点没动！看来他的颈椎的确与众不同。曹操还做过一个梦，梦见三匹马在一个槽里吃食（三马食槽），曹操觉得这也是不祥之兆。所以曹操多次对太子曹丕说："司马懿不是甘居人下的人。"但是曹丕跟司马懿关系一向很好，经常为他说话，因此在曹操在世的时候，司马懿躲过了杀身之祸。

即便如此，曹氏家族对司马懿的戒心也一直没有放下，而现在这种戒心延续到了曹爽这里。

曹爽是前大司马曹真的长子，本身就是宗室之后，现在又成了辅政大臣，权倾天下，独步朝廷。此时司马懿则称病不朝，韬光养晦。但是曹爽对司马懿仍心存戒备。有一次河南尹李胜改任荆州刺史，来跟司马懿告别，他看到的司马懿已经是一个风烛残年的老人了：需要由两个婢女搀扶着才能站立，拿衣服都拿不住，把衣服掉到了地上；说话也很困难，只能指着自己的嘴表示口渴；婢女拿着碗喂他喝粥，粥流下来把胸口都打湿了。

挣扎了好半天，司马懿才气喘吁吁地说："你到并州，并州与胡人近，一定要当心！我儿子司马师和司马昭就托付给您了。"

李胜纠正说："不是并州，是荆州。"

司马懿好像根本没有弄明白："您刚到并州？"

李胜只好再次解释："我是去荆州。"

从司马懿家里出来，李胜禀报曹爽："司马懿形神已分离，死在旦夕，不足为虑。"

李胜并不知道，这一切全都是司马懿装的，目的就是让曹爽放松警惕。事实上这不是司马懿第一次装病了。三十多年前，曹操当时征召二十多岁的司马懿做官，后者因为瞧不起曹操的家世，不愿应召，于是就假托自己得了风痹之症，卧床不起，无法做官。有一天阳光很好，司马懿就让人把藏书拿出来晒。谁知道突降暴雨，司马懿一着急，居然自己跑出来收书。这场景其他人都没见到，只有一个婢女看见了。司马懿的妻子张春华是司马师和司马昭的生母，也是后来竹林七贤之一山涛的表姑。她知道这事后，怕消息泄露招来祸患，就把那个婢女杀了，之后如同往常一样自己做饭吃。司马懿知道之后对这个贤内助无比敬重。曹操担任丞相后，再次征召司马懿，并且下令司马懿不应召就抓捕他，无奈之下，司马懿只好出仕。

　　有了三十多年前的经验，这次装病司马懿当然驾轻就熟。果然曹爽知道后，认为司马懿已不足为虑，决定带着弟弟曹曦等一起，陪同皇帝曹芳拜谒高平陵。

　　曹爽兄弟和皇帝出城后，之前还气息奄奄的司马懿突然就"活"过来了。他下令关闭城门，然后上奏郭太后，请求废曹爽兄弟。理由是曹爽位极人臣，骄横跋扈，遇到大事的时候却犹豫不决。司马懿欺骗曹爽说只是免他的官。曹爽天真地以为司马氏只是想夺权，他以侯爵的身份回府邸，还可以做个富家翁。曹爽的手下桓范大哭着说："曹真何等英雄人物，竟生出你们这样牛犊一样笨的兄弟！你们就等着被灭族吧！"

　　曹爽听信了司马懿的谎言，回到京城。他们一回府就被司马懿派兵包围了，之后被安上谋反的罪名，全部被诛杀。曹爽原来还抱有侥幸，以为可以逃过一死。他的愚蠢让他根本没有认识到司马懿的真面目。前面说过，曹操在世的时候一直对司马懿存有戒心，甚至曾动过除掉他的念头，全靠曹丕保护，司马懿才逃脱一死。因此在曹操和曹丕的时代，司马懿表现得兢兢业业勤勤恳恳，完全就是一个谨小慎微勤勉吏职的人设。司马懿的原形初露是在平定辽东公孙渊的时候。此战司马懿一举击败敌军，斩杀公孙渊。之后他下令，把城里十五岁以上的男子全部杀掉，一共杀了七千多人。之后还把他们的尸体堆成京观①。公孙渊任命的官员、将军等两千多人也全部被杀。外表老实巴交的司马懿瞬间恢复了残忍嗜杀的本来面目。而这次曹爽兄弟被杀，家族当然被诛灭，他们的心腹也全部被夷三族，不管男女老幼，全部诛杀，甚至姑姑、姐姐、妹妹、已经嫁到别家去的女儿，按照惯例可以宽恕的，司马懿也一个不放，全部杀掉。一时间洛阳城风声鹤唳，人人自危。这就是历史上著名的"高平

----

① 京观：古代为炫耀武功，收集敌人尸体，封土而筑成的高冢。

陵之变"，这一年是嘉平元年（249 年）。

活活熬死了曹家三代人的司马懿两年后去世，享年七十三岁。他一生中导演的最后一幕好戏——"高平陵之变"彻底改变了魏朝的势力格局，曹魏的灭亡只是时间问题了，对此，每个人都清楚，包括皇帝曹芳。

司马昭之心

前文说到，曹芳被废真正的原因当然不是那些莫须有的理由，而是他企图对抗司马氏。

魏嘉平六年（254 年）二月，中书令李丰被杀。中书令是朝廷高官，地位甚至在丞相之上，而这位中书令李丰的死法与他的地位可谓太不相称了，他是被司马师用大刀刀环砸死的，死状极惨。

司马师杀李丰，是因为李丰想发动政变，消灭司马氏，任夏侯玄为大将军。密谋泄露之后，李丰、夏侯玄以及同党都被夷灭三族。

李丰等人的密谋皇帝应该是知情的，因此李丰等人被杀后，曹芳十分惶恐。当时安东将军司马昭镇守许昌，蜀国姜维进攻陇西，朝廷让司马昭带兵抵御。按照惯例，司马昭要领兵来与皇帝告辞，手下劝曹芳趁机杀掉司马昭，夺取军队攻打司马师。

司马昭进宫辞行的时候，曹芳坐在案后吃栗子，抓捕司马家族的诏书已经拟好了，曹芳却迟迟不敢动手。他的犹豫不决让手下心急如焚，伶人云午等人开始在一旁唱歌："青头鸡，青头鸡……"当时人们把鸭子叫青头鸡，伶人的意思是要皇帝赶快在诏书上签字画押（鸭），可是到头曹芳也没能走出这一步。看来曹操一代雄主的基因传到这时，已所剩无几了。

曹芳不能先发制人，被人所制也就是预料之中的事情了，因此才出现了文章开头的一幕。

曹芳被废后，即位的是高贵乡公曹髦。

曹髦是魏东海定王曹霖的儿子，魏文帝曹丕的孙子，即位的时候刚刚十四岁。曹髦是一个很文艺范的皇帝，史书里记载了很多他与臣下讨论儒家经典的事情。据说他还擅长诗文，通绘画，照理说他有成为一代明君的希望。但是，在他当皇帝六年后，甘露五年（260年），皇太后又发了一道诏令，用比六年前斥责曹芳还要严厉的措辞声讨了曹髦的罪行。

诏书大意说：我以前看曹髦喜欢读书写文章，以为他能够成为一代英主，谁知道他性情暴戾，迷途不返。我多次斥责，他也没有改过，还编造谣言诽谤我。我秘密告诉大将军，希望废掉他，大将军还说皇帝年纪小，让他改过，也许能够有所改观。谁知道这兔崽子因此对我怀恨在心，用弩箭对着我宫殿射击，还说希望射中我的脖子，箭就掉在我面前。我实在无法忍受，告诉大将军不能不废掉他，结果他竟然在我的药里下毒。事情败露之后，他带兵想来杀我，幸好大将军手下杀掉了他，救了我的老命！逆子悖逆无道，自寻死路，罪有应得！

大家可能已经猜到，和几年前一样，这个所谓的太后诏书仍然是司马氏拟的，所谓的罪状当然也是捏造的。不过这对曹髦来说已经不重要了，因为此时他已经长眠在成济的长矛下了。

曹髦十四岁即位，这一年刚好二十岁。随着年龄的增长，他越来越明白自己不过是司马家的傀儡，而魏朝的灭亡已经是定局，但是他仍然想做最后一搏。可惜，这个二十岁的年轻皇帝的智商与他的激情成反比，他采取的是最为冒失鲁莽的方式，这不仅葬送了他年轻的生命，也将魏朝最后的一战变成了一场悲壮的闹剧。

当时，曹髦召见侍中王沈、尚书王经和散骑常侍王业，对他们说："司马昭之心，路人皆知。我不能坐受侮辱，今天我就要和你们一起讨伐司马氏！"王经劝阻曹髦谨慎从事，但是曹髦说："我意已决，最多不过就是一死。何况还不一定死呢！"

说完曹髦进宫禀报太后，而王沈、王业趁机跑去报告了司马昭，提醒他做好准备。他们想叫王经一起去报信，王经拒绝了，坚持要跟皇帝一起。此时司马家族重兵在握，作为皇帝的曹髦手里竟然没有一兵一卒，只能带着几百个奴仆蜂拥而出，可见其幼稚与鲁莽。当曹髦带人冲到东止车门的时候，遇到屯骑校尉、司马昭的弟弟司马伷的部队，好在这时候皇帝的牌子还有些用，曹髦大声呵斥，司马伷的手下都四散逃走。当冲到南阙下时，曹髦的人马迎面遇上了中护军贾充的部队。曹髦拔剑大喊，贾充的手下也有些害怕，纷纷想退却。太子舍人成济和哥哥成倅在贾充帐下，成济问贾充："事情危急，怎么办？"贾充说："司马公蓄养你们就是为了今天，有什么可问的？"成济是个标准的二愣子，听到这话，和哥哥一起，策马挺枪向皇帝冲去。曹髦见状大呼："放下兵器！"听到皇帝命令，贾充的兵士大都放下了武器，只有成济兄弟依然挺枪直刺。曹髦没有想到会是这种情况，根本来不及反应，就被矛枪从前胸捅到后背，当场身亡。

皇帝已死，司马昭这时才出来，佯装大惊在地上打滚说："天下人会怎么说我啊！"之后便以太后口吻拟了那道声讨死去皇帝的诏书。再然后，司马昭又玩起左右互搏的游戏，上书给太后，说以百姓礼节安葬曹髦太过于"残忍"，请求以王礼安葬。皇太后当然同意了，因为这不过是司马昭借此显示自己"宽宏大量"的把戏罢了。

出卖皇帝，向司马氏通风报信的王沈立了大功，被封为平安侯；不愿背叛皇帝的王经被灭族。

但是不管司马昭往曹髦身上泼多少脏水，臣子弑帝终究还是十恶不赦的大罪，总得要给世人一个说法。司马昭召集群臣开会，尚书左仆射陈泰拒绝参会。司马昭派人请他来，问他事情如何处理。陈泰说："只有

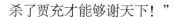

杀了贾充才能够谢天下！"

司马昭想了半天说："你想想还有没有地位低一些的人。"

陈泰说："我知道有比他高的（暗指司马昭），不知道还有什么低一些的人。"

司马昭不再回陈泰的话，下令以弑君的罪行捉拿成济、成倅兄弟。两兄弟得知消息，拒绝服罪，脱下上衣爬到房顶大骂司马昭卸磨杀驴，兵士抓不住他们，于是从下面放箭，把两兄弟射死在房顶上，成氏家族也被诛灭。

曹髦死后，司马昭拥立常道乡公曹奂为帝。曹奂原名曹璜，是曹操的孙子，燕王曹宇的儿子，即位时才十五岁。作为魏朝的第五个皇帝，也是三位少帝中最后一位，曹奂完全是司马氏的傀儡。从这个意义上，魏国可以算是三国中第一个灭亡的。只不过名义上的灭亡，还是蜀国第一。魏景元四年（263年），邓艾兵临成都城下，刘禅投降，蜀汉灭亡。两年多以后，魏咸熙二年（265年），如汉献帝禅位于曹丕一样，曹奂宣布自己决定将皇帝之位禅让给司马炎。曹操、曹丕建立的魏国，在延续了四十六年之后终于走到了尽头。退位的曹奂被封为陈留王，很巧的是，这个封号也是东汉末代皇帝汉献帝即位前的封号。曹奂退位的时候二十岁，他的前任曹髦被成济杀害时也恰好是二十岁，不过比起曹髦，曹奂算是运气好一点。他被废之后移居金墉城，后来搬到邺城。

被废三十八年后，西晋太安元年（302年），五十八岁的曹奂去世。十五年后，西晋灭亡。

凝视深渊的王子们
——八王之乱

    晋武帝司马炎刚即位时，按照传统举行了一个仪式，即用蓍草进行占卜，最后得到一个数字，据说这个数字就表示新王朝能传多少代。而令所有人都没有想到的是，占卜的结果是"一"。

祸　根

    占卜的结果让晋武帝很不高兴，群臣更是不敢说话。要知道以暴虐著称的秦朝都传了两代（不算子婴），而根据占卜，大晋居然只能传一代，简直太丢脸了。正在大家都尴尬的时候，侍中裴楷上前说："臣听说天得到一就清明，地得到一就宁静（'臣闻天得一以清，地得一以宁'），侯王得一就能成为天下的正统。"司马炎听了之后脸上终于露出笑容，大臣们也为裴楷的机智而叹服。

    这个故事后来被收入《世说新语·言语》。"天得一以清，地得一以宁"出自《老子》，然而老子所说的"一"其实是个哲学概念，意思是"道"，跟数字"一"完全是两回事。裴楷固然机智，但是他的解释未免有诡辩之嫌。不过不管怎样，他的急中生智消解了很多人的尴尬，这个尴尬背后其实是对西晋政权合法性的怀疑。

和很多朝代不一样，晋朝建立的时候就面临着政权合法性的危机。

刘邦以诛暴秦为名起兵，号称救民于水火，虽然他只是一介亭长，老百姓也是云集响应，赢粮而景从；刘秀以反抗篡位的王莽，恢复大汉正统为名起兵，因此才能摧枯拉朽，平定海内。也因为这些，两个汉王朝建立之后在相当长的一段时间里政权是十分稳固的，几乎没有人对刘家王朝的合法性有怀疑。

可是司马氏就不一样了。和曹魏一样，他们原本是前朝的臣子，随着前朝势力逐渐衰弱，他们牟取权柄，最后取而代之。而且，司马氏为了夺权比曹魏更不择手段，一次次击破了士大夫的道德底线。特别是在光天化日之下残杀皇帝曹髦，更是严重动摇了儒家君臣父子的最高秩序，这让很多有良知的知识分子为之齿冷，对新兴的大晋政权采取不合作的态度。比如当时竹林七贤之首的嵇康便拒绝出仕，不愿为司马氏效力。嵇康的好朋友山涛离开尚书吏部郎之职时，推荐嵇康接替自己。谁知道嵇康坚决拒绝，不仅如此，还写了一封《与山巨源绝交书》表明自己的立场。嵇康的态度让司马昭恨得牙痒痒，终于找了一个借口，诬陷嵇康"不孝"，将其处死。嵇康临刑时，三千太学生上书请求以其为师，希望司马昭收回成命，但是没有成功，嵇康仍然被处死。

在儒家伦理里，忠孝是一体的，在家为孝，在国为忠。但是晋朝却提出了个奇葩主张："以孝治天下。"根本不谈忠，为什么呢？鲁迅先生在《魏晋风度及文章与药及酒之关系》中说得很清楚：

> 为什么要以孝治天下呢？因为天位从禅让，即巧取豪夺而来，若主张以忠治天下，他们的立脚点便不稳，办事便棘手，立论也难了，所以一定要以孝治天下。

　　嵇康之死，本质就是弑君的臣子以不孝的罪名指控士大夫，这本身就是一个天大的笑话。而嵇康的死更让士大夫们对这个新王朝的期待跌破了下限。可以说，西晋刚刚建立，很多士大夫已经跟司马氏离心离德了。

　　士大夫们靠不住，而自家政权需要稳固，司马炎想到的解决办法就是大封宗室子弟为王。

　　《三国志》的作者陈寿是西晋人，他评价魏国宗室子弟待遇的时候说：魏国的这些王公，徒有占据封地之名，不但没有实际的封地，而且彼此间相互隔绝，就像坐牢一样。……魏国法令之弊，竟然到了这种程度！[①] 陈寿的意思其实跟司马炎的观点是一样的，他们都认为，魏朝之所以那么容易被推翻，就在于宗室子弟都没有权力，无法捍卫曹氏江山。为了避免这个弊端，也为了填补士大夫离心离德带来的力量真空，司马炎在晋朝建立的时候就大肆封王。

　　泰始元年（265 年），司马炎分封二十七个同姓王。诸王有用人权，可以自行选择僚属；有财权，可以收取封国的租税；有军权，晋武帝规定，根据王国大小，可以拥有不同数目的军队，大国可以有军队五千人，小国也可以有一千五百人的军队。这样，晋朝一夜之间跳过秦汉，直接穿越回了春秋战国的分封制。

　　晋武帝这样做，是相信"血浓于水"，希望用宗室的力量来强化皇权，以使江山稳固。但是他似乎没有意识到，在权力之争中，亲情是最不堪一击的。前有西汉的七国之乱，后有唐代的玄武门之变，无不是父子相残、兄弟反目的范本。但是中国历史上最惨烈的亲族权力之争，还是西晋的八王之乱。这次延续了十六年的动乱将数十个藩王卷入其中，参战

---

① 　原文见《三国志·魏书卷二十·武文世王公传第二十》。

诸王相继败亡，民众死亡无数，直接导致了西晋王朝的灭亡。而这灭亡的祸根就是晋武帝司马炎埋下的。

变乱之始

司马炎刚即位的时候还是励精图治过的。咸宁五年（279年），晋军伐吴，并在次年灭吴，中国终于结束了三国割据的局面，重新统一。

吴国被灭，天下太平，司马炎便和很多皇帝一样走上了奢侈荒淫之路。这位晋朝的开国皇帝好色无度，人家是后宫佳丽三千，司马炎后宫最多时竟然有上万人。如此多的美女，陛下当然不可能一一临幸。司马炎想出了一个最"公平"的方法：每到黄昏，他便坐上一辆羊车在后宫转悠，羊车停在哪位妃子的门前他就临幸那位妃子。妃子们为了得到皇帝的垂青，纷纷在门前放上竹叶，洒上盐水（羊喜欢吃咸）。这就是著名的"羊车选妃"的故事。

有一天，司马炎问司隶校尉刘毅："我相当于汉朝哪个皇帝？"

刘毅毫不客气地说："相当于桓帝和灵帝。"

司马炎很惊讶，问："我糟糕到这个地步？"

刘毅回答："桓帝和灵帝卖官，得来的钱进入官库，陛下卖官得来的钱进入私门，从这点看，陛下还不如他们。"

司马炎很尴尬，只好用打哈哈来化解："桓帝和灵帝可听不到这样的直言，我有你这样正直的大臣，看来我还是超过他们的。"

司马炎的皇后叫杨芷①，史书上说她"美而有妇德"，皇后的父亲叫杨骏，却是一个利欲熏心的小人。皇后被立后，杨骏被封车骑将军、临晋

———————————

① 晋武帝司马炎第二任皇后。

侯，一时间权倾朝野，连一些老臣都不放在眼里，包括为司马家夺权立下"汗马功劳"的贾充。

贾充是魏朝豫州刺史、阳里亭侯贾逵的儿子。贾逵可算魏朝名臣。曹操死的时候，他的儿子越骑将军曹彰不满曹丕即位，从长安赶过来问罪，见到贾逵，直接就问先王玺绶在什么地方。面对杀气腾腾的曹彰，贾逵正色告诫说："太子就在邺城，国家自有继承人，先王玺绶，不是君侯您应该问的。"

面对贾逵的斥责，在沙场上喑呜叱咤的名将曹彰也顿觉气短，只好乖乖服从。

贾逵晚年的时候才有了儿子，他认为以后这个儿子能使家族充满喜庆（充闾之庆），于是起名贾充。

贾逵死后，贾充袭爵，担任黄门侍郎、大将军司马、右长史等职，一心投靠司马氏。司马昭刚刚即晋王位的时候，准备取魏自立，但是担心方镇大臣反对，于是派贾充去拜访诸葛诞，私下打听他的想法。贾充对诸葛诞说："听说现在天下都希望皇帝禅位给晋王，您怎么看？"

诸葛诞大怒说："你难道不是贾逵的儿子吗？你家世世代代受魏朝大恩，怎么能把社稷拱手送人？如果皇上蒙难，我会以死相拼。"

贾充听后一言不发。回到洛阳，他对司马昭说："诸葛诞在扬州，声名很响亮，能让人以死效力。看他的情况，肯定是不跟大王一条心的。如果现在征他入朝夺他兵权，他马上会造反，但是事发仓促，为害较小；如果不征他，他以后会造反，为害就很大了。"

司马昭听从了贾充的建议，马上征诸葛诞入朝，诸葛诞果然率兵反对司马氏，最后兵败被杀。贾充因此更得司马昭信任。

之后高贵乡公曹髦率人攻打司马昭，贾充命令成济兄弟光天化日之下杀害了曹髦。事后司马昭为了袒护他，诛杀了成济兄弟，可见其地位

之重，但是其人品也颇为朝臣鄙夷。

前面提到的侍中裴楷有一次就直接对皇帝说："陛下不能同尧舜那样的明君比肩，就是因为贾充这样的奸臣还在朝中。"

正好这时候秦州、雍州发生叛乱，司马炎便让贾充去平定。

离开京城，就是离开了权力中心，这是贾充怎么也不愿意的。为了留在京城，他的手下给他出了一个主意：把女儿嫁给太子为妃，这样他这老丈人就不必远行去平叛了。贾充深以为然。而司马炎的太子，就是历史上有名的白痴司马衷。

司马衷后来因"何不食肉糜"的典故而闻名。据说这个太子智商有严重问题，但是他贵为太子，即便是白痴也不会妨碍其钻石王老五的身份。贾充的妻子郭槐贿赂皇后杨艳①的左右，成功让自己的女儿成为太子妃。贾充终于得偿所愿，不必离京，官复原职。而这位新任太子妃叫贾南风。

贾南风是贾充的第二个妻子郭槐生的女儿，而这个郭槐，也不是省油的灯。

贾充第一个妻子李氏是李丰的女儿，李丰就是因为反对司马氏被司马师用大刀刀环砸死的那个大臣。李丰死后，家属也被株连，李氏被流放。李氏给贾充生了两个女儿，其中一个叫贾荃，后来嫁给了齐王司马攸。李氏被流放后，贾充就娶了城阳太守郭配的女儿郭槐。

晋武帝司马炎登上皇位之后，大赦天下，李氏也回来了。司马炎特地下诏，允许贾充有左右夫人，贾充的母亲也让贾充把这个儿媳迎回来，但是郭槐性格强悍，坚决反对。贾充只好上书，假装谦虚，说不敢拥有两个夫人。李氏的两个女儿思念母亲，有一次贾充与官员宴饮，两个女儿从后房冲出来跪在贾充面前，叩头叩到流血，请求贾充和在场的高官

---

① 晋武帝司马炎第一任皇后。

们让母亲回家。官员们一看齐王妃居然跪在地上叩头，大惊失色，纷纷闪避，贾充也惭愧不已，但是他害怕郭槐，仍然不敢让李氏回家。后来齐王妃贾荃因此郁郁而终。

贾充怕郭槐不是没有理由的。

贾充曾有过一个儿子，取名贾黎民。孩子三岁的时候，奶妈抱着他在家里玩，正好贾充进来，孩子一看爸爸来了，笑逐颜开，贾充也十分高兴，就伸手抚摸奶妈怀里的孩子。这让郭槐看见了，她认为贾充跟奶妈有奸情，于是就把奶妈鞭打致死。奶妈死后，孩子因为思念过度，也生病夭折了。之后贾充又有了一个儿子，刚刚周岁，同样也是贾充伸手抚摸奶妈怀里的孩子的头，郭槐怀疑奶妈，又把她杀了，此后孩子也因为思念奶妈而死。所以贾充最后没有儿子，只有女儿。

贾充不敢让李氏回家，只能让她在外面一所房子里居住。有一次郭槐说她想去拜望一下这个姐姐。贾充说："我这前妻，才气过人，你最好别去。"

等到后来女儿成为太子妃后，郭槐盛装打扮一番，带着一大群仆从乌泱泱地去了。等她进了门，李氏出来迎接。看到李氏从容镇定的表情，郭槐一下子感觉到了一股强大的气场，这气场让她腿一软，竟然屈膝拜了两次。计划中的示威行动硬生生变成了请罪。事后贾充对郭槐说："我说得没错吧？"

前面说过，郭槐的嫉妒害死了她和贾充的两个儿子，因此贾充一生无子，只有几个女儿。而他的女儿中最有名的就是贾南风。

贾南风可以说是史上非常有名的人物。据说她又丑又矮又黑还心术不正，有人秀外慧中，她是丑外恶中。而就是这样一个女人，后来成了八王之乱的发起者之一。

东晋顾恺之《女史箴图》（局部）（唐摹本，大英博物馆藏）

　　其实司马炎并不是不知道自己这儿子近乎白痴，他也曾经多次有过改立太子的想法。为此他甚至出考题测试儿子，但是每次都被贾南风想办法糊弄过去了。还有一个因素也让司马炎没有下决心废掉司马衷，那就是司马衷有一个儿子叫司马遹，那孩子从小就聪明伶俐，司马炎觉得是做皇帝的好料子。他想虽然儿子不成器，好歹孙子还不错，于是放弃了废太子的想法。

　　太熙元年（290年），司马炎病重，皇后的父亲杨骏把其他大臣赶走，独自守候在皇帝身边。皇帝神志清醒的时候，曾写下诏书让汝南王司马亮与杨骏共同辅政。杨骏看到诏书后就把诏书藏了起来不给别人看。后来皇帝的神志陷入混乱状态，皇后上奏请让杨骏辅政，司马炎这时只能点头。

　　不久司马炎去世，太子司马衷即位，是为晋惠帝。杨骏成为唯一的顾命大臣，权势熏天，更是骄横无比。这引起了很多朝臣的厌恶，更引起了新晋皇后贾南风的嫉恨。

　　贾南风继承了她母亲郭槐的阴毒和心狠手辣。当初做太子妃时，就亲手杀害了几个人。有一次还用戟投掷一个怀孕的婢妾，那对母子当场惨死。司马炎知道之后大怒，想要废掉她，一些大臣借口贾南风年纪小，说教育一下会改变的；皇后杨芷也劝司马炎看在贾充家族的分上，不要草率废贾南风，应该以教育为主。教育太子妃，主要责任人在皇后，所以皇后杨芷多次训诫贾南风。贾南风不认为皇太后当初是在帮助自己，反而因此对其恨之入骨，于是她与党羽密谋诛杀杨骏，废掉皇太后，独揽大权。她想到了被剥夺顾命大臣职位的汝南王司马亮和楚王司马玮。

司马亮是司马懿的第四子，是皇帝司马衷的爷爷辈，已经很老了，他接到贾南风的信之后不敢行动；司马玮是司马炎的第五子，也是皇帝司马衷的同父异母弟弟，正是血气方刚的时候。永平元年（291年）二月，接到皇后的信，司马玮立刻带兵入京。这也就揭开了八王之乱的序幕。

杨骏位高权重，但是他为人胆小懦弱，遇事犹豫不决。他很清楚司马玮来者不善，但是也不敢阻拦，任由其率兵入朝。有了司马玮军队的支持，贾南风胆气暴增，马上以皇帝的名义下诏诬陷杨骏谋反。杨骏得知消息后惶惶然不知所措，手下也一哄而散。杨骏最后逃到马厩，被士兵搜出来杀掉。皇太后杨芷在绢帛上写求救信——"救太傅者有赏"，射到城外，贾南风于是说太后与太傅一起谋逆。于是杨芷也被废，后来被活活饿死。

贾南风终于得偿所愿，消灭了眼中钉。但是她作为皇后显然不能直接掌权，而皇帝又是个白痴，所以就征召汝南王司马亮为太宰，与老臣卫瓘一起辅政。

这时候率先领兵进京的楚王司马玮也留在了京城。司马玮为人残忍好杀，司马亮和卫瓘都很厌恶他，想削夺他的兵权，这样两方就产生了矛盾。另一方面，控制欲极强的皇后贾南风觉得司马亮和卫瓘两位辅政大臣碍手碍脚，让自己不能随心所欲，也想除之而后快。

元康元年（291年）六月，司马亮、卫瓘的辅政大臣位子坐上去才三个月，贾南风便以晋惠帝名义下诏，指控司马亮和卫瓘谋反，命令楚王司马玮派兵抓捕。司马玮乐得有机会报私仇，马上连夜派兵包围司马亮的府邸，并派兵捉拿卫瓘。事情来得太突然，司马亮和卫瓘都没搞清楚是怎么回事，认为自己忠心为国，这可能是个误会，因此都拒绝了手下反抗的建议，束手就擒，结果两人都被灭族。

除掉司马亮和卫瓘后，楚王司马玮的手下岐盛劝说他："不如趁着手握重兵，除掉贾、郭势力，安定王室。"

虽然司马玮是个杀人魔王，但是这个建议他觉得跳跃性太大，因此犹豫不决。谁知道，有人比他更狠，这人就是贾南风。

天亮后，贾南风听从太子少傅张华的建议，决定卸磨杀驴。张华派人拿着皇帝的旗帜出来宣布："楚王司马玮假造诏书，大家不要相信！"

一时间士兵全部丢弃兵器逃跑，司马玮立刻成了光杆司令，站在那里不知道该做什么。司马玮被抓捕下廷狱，临刑前，他拿出怀里的诏书大哭说："我受皇帝诏命，怎么能这样被冤枉！"

诏书并没能救司马玮的命，在他杀了司马亮和卫瓘的第二天，自己也人头落地了，手下公孙宏、岐盛都被灭三族。

心狠手辣的贾南风终于大权独揽。她把族兄贾模、内侄贾谧、堂舅郭彰等均委以重任，司马家的天下实际上成了贾家的天下。

但是贾南风还是没有满足，在接连除掉了顾命大臣杨骏、司马亮、卫瓘和楚王司马玮之后，她的目标又对准了太子司马遹。

得寸进尺

除去了政敌的贾南风权倾一时，风光无两，但是她也有除不掉的心结，就是她没有儿子。太子司马遹是司马衷与谢才人生的，太子还是皇孙的时候就显出与众不同的聪明。

一次宫里夜里失火，晋武帝司马炎登楼看火势，当时才五岁的司马遹，牵着司马炎的衣服要他进屋，说："晚上失火，情况紧急，应该防备非常的变故，不能让别人看见皇帝在哪里。"

司马炎觉得这个小孙子聪明过人，甚至因为他而打消了废掉太子的念头，目的就是想让这个小孩以后继承大统。

司马遹小时了了，长大却颇让人失望。他对政事没有兴趣，却十分喜欢贩夫走卒那一套。和汉灵帝一样，他也在宫里建了个市场，自己和宫人在里面玩角色扮演游戏。司马遹做买卖的手艺很高超，一块肉他只要用手掂量一下，就能知道确切斤两，不差分毫。据说他生母就是屠夫的女儿，所以他喜欢卖肉。

贾南风一直将太子视为眼中钉，想除之而后快。于是她先假称自己有了身孕，之后把妹夫韩寿的儿子韩慰祖弄来自己抚养，想让他取代太子之位。

元康九年（299年）十二月，贾南风谎称皇帝重病，下诏召太子进宫。太子来了之后，贾南风并不接见，而是让手下给太子送来美酒。

太子推辞说酒量不好，手下斥责说："你太不孝了！皇帝赐酒居然不喝，难道酒里有毒吗？"

太子无奈，只好把酒喝完，直到大醉。

贾南风事先命令历史上著名的美男子潘岳写了一个造反的文稿，趁着太子大醉，让他照抄下来。太子已经醉得神志不清，根本无法领会文稿写的什么。由于醉得厉害，很多字都写得不清楚，贾南风按照太子笔迹补全了。之后，贾南风拿着太子的手书宣布太子图谋造反，废太子为庶人，并杀掉太子的生母。

废掉太子的贾南风自以为得偿夙愿，却不知道背后有一双阴冷的眼睛一直盯着她，更不知道，自己废掉太子其实恰恰落入了那人的圈套，也为自己敲响了丧钟。这个人就是一直被贾南风视为党羽，深得她信任的赵王司马伦。

黄雀在后

赵王司马伦是司马懿的第九子，也是被贾南风杀掉的汝南王司马亮的弟弟，是当今皇帝的爷爷辈。贾南风权倾一时的时候，司马伦对其阿谀奉承，深得贾南风欢心，因此担任了太子太傅，掌握禁军。贾南风废了太子，让他居住在金墉城。

司马伦对手下孙秀说："贾南风阴狠毒辣，诬陷废掉太子，我们不如消灭她，迎回太子安定社稷。"

谁知道孙秀的狠毒甚至不亚于贾南风，他对司马伦说："太子聪明刚猛，如果他回到东宫，肯定不会受制于人。您一直被贾后欣赏，被视为一党，即便诛杀贾后，也只算将功赎罪。如果以后有小过错，恐怕还是逃不了被诛杀的命运。不如等待时机，贾后肯定会害死太子。之后我们再废贾后为太子报仇，这样不仅免祸，还可以独揽大权。"

从司马昭到司马炎到贾南风再到司马伦，其阴狠毒辣简直是青出于蓝，这算是他们的家风。果然，司马伦接受了孙秀的建议。孙秀马上散布流言，说宫里有人想废掉皇后迎回太子。贾后心里很担心，这时候司马伦和孙秀就劝说她除掉太子。贾后派人给太子下毒。而太子被废之后就一直自己亲自看着做饭，贾后的手下无机可乘，就断了太子的食物供应，但是官人怜悯太子，就偷偷地从墙头送食物过来。贾后的爪牙孙虑见计谋不成，便直接逼太子服下毒药，太子不肯，孙虑就用捣药杵打死了太子。

太子死了，贾后以为自己达到了目的，谁知道，真正达到目的的其实是赵王司马伦和他的爪牙孙秀。太子死讯传出，先前还对贾后阿谀谄媚的司马伦马上变了脸，宣称贾后杀害废太子，自己奉诏讨伐。阴狠的贾南风终于也尝到了被出卖的滋味，她被废掉皇后之位，囚禁在金墉城，之后被迫饮下金屑酒而死，她的党羽也纷纷被捕被杀。赵王司马伦趁鹬蚌相争之际渔翁得利。除掉了贾后之后，司马伦先自封相国，之后又废掉晋惠帝自立为帝。晋惠帝被囚禁在金墉城。这一年是永康二年（301年）。

司马伦一朝得志，意气洋洋。他的党羽纷纷官居高位，甚至他们的奴仆也被授予高官。当时的高官都用貂尾做帽子的装饰，由于大肆滥封官位，一时间貂尾不够用了，于是用狗尾来代替，民间讽刺说："貂不足，狗尾续。"成语"狗尾续貂"就是这样来的。

至此，八王之乱中正式登场的诸侯王已有三个：汝南王司马亮、楚王司马玮和赵王司马伦。前两个已经命归黄泉，司马伦则在混乱中荣登大宝。但是，司马伦的篡位才使八王之乱正式进入"高潮"，其他诸侯王相继登场，首先出来的是齐王司马冏、河间王司马颙和成都王司马颖。

天下大乱

齐王司马冏是司马昭的孙子，河间王司马颙是司马懿的三弟司马孚的孙子，成都王司马颖是司马炎的第十六子，也是傻皇帝司马衷的异母弟弟。

永康二年三月，齐王司马冏宣布讨伐篡位的赵王司马伦，成都王司马颖响应齐王，出兵征讨。河间王司马颙最初是站在篡位的司马伦一边的。此前安西参军夏侯奭率领数千人响应司马冏，并且邀请司马颙一起

起事，结果反被司马颙抓住腰斩了；司马冏的使者带着檄书来召唤，也被司马颙抓住送到司马伦那里去了。司马伦向司马颙借兵，他派张方领兵前往，可是当张方走到华阴的时候，司马颙听说司马冏和司马颖的军势很盛，马上见风使舵改换门庭，派人追回张方部队，由帮助司马伦平叛一下转变成参与讨伐司马伦了。可见司马家的人根本没有信义廉耻可言，一切只以利益为准则，只可惜夏侯奭白白被砍成了两截。

司马伦、孙秀听说三王起兵，十分恐惧。三王兵临城下，司马伦、孙秀派兵迎战，双方在洛阳城外激战。赵王司马伦兵败。孙秀及其党羽被诛杀，司马伦被俘虏后赐死，他的儿子们也被诛杀。赵王司马伦势力彻底覆灭。晋惠帝司马衷也重回皇位。

晋惠帝复位后，作为三王中首倡者的齐王司马冏厥功至伟，他被任命为大司马，加九锡，享受与司马懿、司马师、司马昭等同等待遇。司马颖和司马颙以及同样参战的常山王司马乂（后改封长沙王）也被封高官。

此时晋惠帝虽然复位，但是朝政大权尽在司马冏手中。位极人臣的司马冏毫无悬念地迅速腐化。他不理朝政，骄奢淫逸，大兴土木，弄得民怨沸腾。

而司马冏大权独揽，内心最不安的是河间王司马颙。因为三王起兵的时候，自己最初是打算帮助司马伦的。为此他还腰斩了支持司马冏的夏侯奭，并抓了司马冏的使者送给司马伦。而司马冏对此事也一直耿耿于怀。为了自保，太安元年（302年），司马颙上书陈述司马冏罪状，兴兵讨伐洛阳，并且声称当时在洛阳的长沙王司马乂作为内应，同自己一起反对司马冏。

司马冏得知消息之后，认为攘外必先安内，决定先除掉司马颙的内应——长沙王司马乂，于是派兵攻打。司马乂率领手下一百余人突出重围，跑进皇宫，关闭宫门固守。这一夜洛阳城内飞矢如雨，火光冲天。晋惠帝到上东门躲避，身边臣子很多被流箭射死，倒在皇帝面前。司马冏与司马乂激战三天，奇迹发生了：后者仅凭一百多人竟然击退了司马冏的进攻，还成功反杀对手。兵败的司马冏被捕，司马乂对这个堂兄弟没有一点怜悯之心，呵斥左右马上把司马冏带出去斩杀，同党都被夷灭三族，死者两千多人。

司马冏死后，权柄就转到了司马乂手里。这时候司马颙又不满了："最先起事的是我，结果让你小子捡了便宜！"他多次派人刺杀司马乂，结果阴谋败露，刺客反被司马乂所杀。暗的不行，司马颙决定来明的。太安二年（303年），司马颙与成都王司马颖集结三十万军队讨伐洛阳。晋惠帝任命司马乂为大都督率军迎战。双方激战数月，死者数万。司马颙与司马颖的军队无法攻克洛阳，准备班师。而正在这时，司马乂阵营中又出现了一个背叛者，这人就是东海王司马越。

东海王司马越是司马懿的四弟东武城侯司马馗的孙子，晋武帝司马炎的从兄弟，按辈分算是皇帝司马衷的叔叔。他最初担任骑都尉，后来因参与诛杀杨骏有功而被封五千户侯，之后被封东海王。司马颙和司马颖攻打洛阳的时候，他协助司马乂一起守城。几个月战事下来，不知道为什么这位东海王总觉得自己这一方要战败，于是决定卖主投降保命。永安元年（304年）正月的一天晚上，司马越派人秘密抓捕了司马乂，囚禁在金墉城，然后开城投降。城门打开之后，军士们才发现敌兵并没有司马越担心的那么多，于是后悔投降了，想夺回司马乂继续抗敌。司马越对此十分担心，于是让人暗中通知司马颙手下的将领张方。张方派人到金墉城把司马乂带出来，抓到自己军营里，用火把司马乂活活烤死了。

司马乂死了之后，大权又落到了成都王司马颖手里。他胁迫晋惠帝废掉皇后和皇太子，册封自己为"皇太弟"，俨然以皇位继承人自居。

当上了"皇太弟"的司马颖跟前几任权臣一样，毫无例外地掉入了骄横跋扈、骄奢淫逸的泥坑。曾经出卖司马乂的东海王司马越心怀不满，起兵讨伐司马颖。司马越带兵挟持晋惠帝跟自己一起出征，两军在荡阴激战，结果司马越大败。晋惠帝在战斗中脸颊受伤，身上还中了三箭，手下侍从逃散殆尽，只有嵇康的儿子侍中嵇绍以身护卫皇帝，结果被敌兵杀害。

司马越战败后逃到下邳，后来回到东海。晋惠帝被司马颖俘虏。司马颖再次成为"皇太弟"，改元建武，这一年是公元304年。可是不久，司马颖在讨伐东瀛公司马腾的战争中大败，军事上的失利带来的就是政治上的失势，此时的洛阳由司马颙的部将张方控制，晋惠帝也被张方挟持。看到司马颖兵败，司马颙便上表废去司马颖的皇太弟之位，逼迫他离开洛阳回封地。

张方的军队在洛阳放纵抢掠，洛阳士民被搜刮殆尽，于是张方效仿董卓，胁迫晋惠帝和百官迁都长安。司马颙早在此迎候，朝政大权又归入司马颙之手。

这时候远在东海的司马越打着"奉迎大驾，还复旧都洛阳"的旗号起兵，讨伐司马颙。司马颙派兵拒敌，结果大败。司马颙逃出长安，东海王司马越带兵入城，之后放纵鲜卑士兵大掠长安，死者两万人。

八王之乱历时十六年，最终取得权柄的是东海王司马越。其他的诸侯王结局如下：

汝南王司马亮，被贾南风指使楚王司马玮杀死；

楚王司马玮，杀死司马亮后，被贾南风以假造诏书的理由杀死；

赵王司马伦，杀死贾后及其党羽，篡位后被齐王司马冏杀死；

齐王司马冏，在与长沙王司马乂作战时战败，被司马乂杀死；

长沙王司马乂，被东海王司马越出卖给司马颙，被活活烤死；

成都王司马颖，兵败后被抓捕囚禁，之后被缢死；

河间王司马颙，晋怀帝登基后，任命司马颙为司徒，命其回朝，路上被南阳王司马模手下将领掐死。

而十六年的战乱更给国家和百姓造成了巨大的灾难，八王之乱之后的五胡入华，则直接给西晋王朝敲响了丧钟。

前文说到，司马氏家族取得政权靠的就是不择手段的巧取豪夺，虽然最后他们得到了天下，但是其屡屡跌破底线的行为让很多有良知的士大夫不齿。甚至就连后赵开国皇帝，以残暴闻名的羯族人石勒都不屑地说："大丈夫行事应磊磊落落，朕终不效曹孟德、司马仲达父子，欺他孤儿寡妇，狐媚以取天下也。"

东晋的时候，大臣王导和温峤有一次拜见明帝司马绍，司马绍问温峤前代君王取得天下的缘由，温峤还没来得及回答，王导就说："温峤年轻，不熟悉这些事，我来给陛下陈述。"

于是王导详细地叙述了司马懿开始创业的时候如何诛灭名门大族、扶植亲信，以及司马昭晚年杀害高贵乡公曹髦的事情。明帝听了之后，掩面倒在坐床上说："如果真的像您说的那样，晋朝怎么可能长久呢？"

后来唐太宗李世民说："故晋明掩面，耻欺伪以成功；石勒肆言，笑奸回以定业。"讲的就是这两件事。

东晋明帝显然还是一个讲廉耻的皇帝，但是对西晋的王子们来说，他们的先辈为自己树立了"榜样"，先辈用行为教会了他们阴谋、叛卖、卑鄙和无耻。因此，司马氏王子们的成长过程就是一个凝视人性深渊的过程。如尼采所说："与恶龙缠斗过久，自身亦成为恶龙；凝视深渊过久，深渊将回以凝视。"后来，他们自身也成了深渊的一部分，最终被深渊埋葬。

八王之乱持续了十六年，这次严重的内乱给所有人都带来了深重的灾难，数十万人因此死亡，无数人流离失所。不仅升斗小民很多转死沟壑，就算是达官贵人甚至皇亲国戚也朝不保夕。战争、谋杀、政变、叛卖成了时代主旋律，每个人都在血腥和恐怖中惶惶不可终日。因此很少有人注意到，在齐王司马冏得势期间，有一个刚刚上任的官员辞职了。而他辞职的理由很别致：想念家乡的美食。

魏晋"宴居图"壁画砖

竹林中的背影
——西晋名士

莼鲈之思——张翰

1943 年，美国心理学家马斯洛提出人类需求的五个层次，按照他的理论，这五个层次由低到高分别是生理需求、安全需求、社交需求、尊重需求和自我实现需求。不难看出，在所有的需求当中，自我实现是最高的。因此，人在满足了最初的几个需求之后，最终的追求必然就是自我实现。

人是一种追求意义的动物，而生命意义很大一部分就是自我实现。因此，儒家才提出"修身、齐家、治国、平天下"的士人目标，孔子才会忍受着白眼甚至迫害周游列国，屈原才会自沉汨罗江，李白才会高歌《行路难》，杜甫才会梦想"致君尧舜上，再使风俗淳"……

在古代，读书人的终极目的不过是"朝为田舍郎，暮登天子堂"，如果能够出将入相，经天纬地，建立不世功业自然最好；如若不能，能统任方面，护卫藩篱也算不虚此生；再次，能够为官一任，造福一方也不失为问心无愧；若无缘官场仕途，能躬耕陇亩，抱朴守素，安贫乐道也算不忘初心。古往今来，不知道有多少士人抛妻弃子，只为了飞黄腾达。也有中道辞官的，那也是为了内心更执着、更伟大的追求，如陶渊明。可是在晋朝却有这么一个人，做官不久就辞官了，而且理由让人喷饭：他吃不惯北方的伙食，想念家乡的美食了。这个人叫张翰。

张翰，字季鹰，西汉开国功臣张良的后人。他本来是三国时期吴国人，吴国被灭后，他心怀亡国之痛，因此佯狂避世。张翰为人放纵不羁，不愿受礼法约束。其行事也是率性而为，经常不按常规出牌。

有一次张翰在阊门附近的金阊亭听到有人弹琴，琴声清越不俗，他循声找去，原来是会稽名士贺循停船在下面弹琴。两人素不相识，却一见如故。张翰听说贺循要去洛阳，一时兴起，就要跟着一起去，于是上船出发，连家人也没有告诉。可见张翰做事的确是随心所欲，出人意表。

而他最出人意表的行为就是他辞官的事情。

八王之乱中，齐王司马冏打败了赵王司马伦，被封为大司马，加九锡，一时间权倾天下，气焰万丈。为了扩充自己的势力，司马冏大封官职，其中就任命张翰为东曹掾，还提拔张翰的同乡顾荣担任主簿。在一般人看来，张翰和顾荣是一步登天，应该欣喜若狂，可是张翰刚刚上任，有一天看见秋风乍起，突然感慨说："人生贵在顺从自己的心意，富贵又有什么意思呢？我想念家乡的莼菜羹和鲈鱼脍了。"

于是，张翰扔下刚刚得到的官职，回家乡去了。

据说他因此还写了一首《思吴江歌》：

秋风起兮木叶飞，吴江水兮鲈正肥。

三千里兮家未归，恨难禁兮仰天悲。

张翰的故事为中国增添了一个成语：莼鲈之思。意思是对家乡风物的思念。而他为了美食而辞官的行为更成为后世歌咏不绝的题材。苏轼写诗称赞他说:"浮世功劳食与眠,季鹰真得水中仙。不须更说知机早,直为鲈鱼也自贤。"南宋爱国词人辛弃疾在他的《水龙吟·登建康赏心亭》里也写道:"休说鲈鱼堪脍,尽西风,季鹰归未。"说的也是张翰的事情。而张翰因鲈鱼脍、莼菜羹辞官的行为,也成为魏晋名士风度的代表之一。

魏晋名士可说是中国历史上知识分子的一类奇葩。

一部魏晋史,给我们展示的是无数有血有肉、生动活现的士人群像,千载之下仍让人津津乐道。

与其他朝代文人毕生追求功名利禄不同,魏晋名士最钟情的几件事是:饮酒、服药、清谈和纵情山水。

美酒与毒药——名士们的最爱

魏晋名士好酒,这种爱好几乎到了不可救药的地步。

东汉的孔融就说:"座上客常满,樽中酒不空,吾之愿也。"南北朝时期的谢灵运很推崇陈思王曹植,曾说天下才华一共十斗,曹植独占八斗,自己占一斗,最后余一斗天下人共分。这就是成语"才高八斗"的由来。而曹植也是个著名的酒徒,他曾经在平乐观大摆筵席,成为饮酒史上的佳话,李白的《将进酒》里就羡慕地赞叹:"陈王昔时宴平乐,斗酒十千恣欢谑。"鲁迅先生在《魏晋风度及文章与药及酒之关系》里还说到一个故事:当时曹操为了保证军粮而禁酒,理由却是酒会亡国。孔融知道后反唇相讥:"女人也会导致亡国,为什么不禁婚姻?"事实上曹操也是喝酒的,不然写不出"对酒当歌"这样的句子。曹操与名士们最大的不同在于,他内心还是把儒家的"修齐治平"当作毕生追求的,为此必须掩盖住内心的张狂和欲望,但是名士们早已对世道失望乃至绝望,于是就在酒中寻找慰藉和逃避了。

"竹林七贤"之一的阮籍便是这样。他听说步兵校尉府厨房里面有几百坛好酒，于是主动请求去当步兵校尉，目的就是可以无拘无束地喝酒。喝完几百坛酒，即便是阮籍这样的酒徒也是需要一定时间的。因此他在步兵校尉的位置上待的时间最长，以至于后代都称他"阮步兵"。

　　有人甚至把饮酒作为一生最大的追求，当时的名士毕卓就说："一手持蟹螯，一手持酒杯，拍浮酒池中，便足了一生。"① 这种观点放在其他朝代一定被视为贪图享乐、玩物丧志，但是在魏晋却被视为潇洒通达。

　　不过魏晋名士中喝酒最厉害的，大概还是刘伶。

　　刘伶也是竹林七贤之一，更是以喝酒闻名的名士，因为这个原因，他被人称为"醉侯"。刘伶嗜酒到无可救药的地步，他经常乘着鹿车携一个酒葫芦，边走边喝，还叫一个仆人扛着锄头跟在后面，吩咐说："死便埋我。"

　　刘伶嗜酒对健康造成了很大影响，经常感到口渴异常，于是找妻子要酒喝。妻子把家里酒器全砸了，哭着说："您饮酒太过量，对身体不好，一定要戒酒！"

　　刘伶无奈，只好答应："好吧！但是我不能靠自己的力量戒酒，必须要祈祷鬼神让我戒掉，你去准备酒肉。"

　　妻子一听大喜，马上准备酒肉让刘伶祈祷。只见他把酒肉供奉在神前，大声祝道："天生我刘伶，靠喝酒而出名。一喝就是一斛，五斗才解除酒病。妇道人家的话，一定不能听！"说完拿过酒肉便吃喝，很快便烂醉如泥。②

　　但是如果凭这些就认为刘伶只是个单纯的醉鬼就错了。刘伶好老庄

---

① 见《世说新语·任诞第二十三》。
② 同上。

之学，崇尚自然无为。他的举动和言论初看似乎荒诞不经，但是仔细思考却会发觉大有深意。

刘伶总是肆意喝酒，任性放荡，有时醉后把衣服全部脱了，赤身裸体待在家里。有人来访看到了，批评他说："你怎么能这么做？"刘伶不但不羞愧，反而振振有词地说："我以天地为屋子，以屋子为裤子，你们这些人怎么跑到我裤子里面来了？"①

刘伶曾做过幕僚一类的小官，但是他不愿被官僚体制约束，更不愿为当时刚刚崛起的司马家族效力，所以在任上无所作为，不久就被罢官了。泰始二年（266 年），刚刚建立一年的西晋朝廷派使者来召刘伶入朝为官，刘伶听说使者已经到了村口，急忙把自己灌得大醉，然后脱去衣服——这次不是在家里待着，而是直接冲到门外，来了一场真实版的裸奔。使者一看朝廷要提拔的人原来是个酒疯子，只好打道回府。刘伶自此不再出仕，终老于家。由此可见，刘伶病酒，其中一个原因是以酒为掩护，拒绝跟司马氏政权合作。

除了饮酒，魏晋名士们还喜欢服食五石散。

服食本身是一个道家名词，指的是服食仙丹一类的神药以求得长生不老。战国时代，方士们就宣称海中有三座神山：蓬莱、方丈和瀛洲。山上有仙人和不死之药，得之可长生不老。当时齐国和燕国靠海，齐威王、齐宣王和燕昭王就派人入海求仙丹，结果当然是杳无音信。后来秦始皇又派童男童女去求，当然也没有找到。既然仙丹难以寻到，那么不妨自己造。因此后来屡屡有方士宣称自己能够炼出仙丹，于是就促成了炼丹术的产生。仙丹的主要配方是朱砂，朱砂的主要成分是汞，也就是剧毒的水银。这样的"仙丹"吃下去之后效果如何可以想象。历史上因为服

---

① 见《世说新语·任诞第二十三》。

食"仙丹"而毙命的皇帝数不胜数，光唐代就有唐太宗、唐宪宗、唐穆宗、唐武宗和唐宣宗，他们都是因为吃"长生不老药"中毒而未尽天年的。炼丹术在中国上千年，没有炼出一粒仙丹，反倒是炼出了火药，好歹也算是有贡献。

相比于以汞为主要成分的"仙丹"，魏晋流行的五石散稍微"正常"一点。五石散是将石钟乳、石硫黄、白石英、紫石英、赤石脂混合在一起制成的丹药。这种东西是名士何晏开始吃的，后来就成为流行的风尚。

吃五石散副作用很大，稍微不注意就会中毒死亡。因此有很多禁忌：如服食之后不能休息，必须走路以散发药性，当时叫"发散"或者"行散"，因此名士们服药之后行散成了风尚。我们如今常说的"散步"，就是从"行散"的风尚转化而来。行散之后全身发热，这时候必须少穿衣服，吃冷食，以冷水浇身，如果多穿衣还吃热食必死无疑，所以五石散又称为寒食散。另外，服散后喝酒又必须喝热酒，晋文帝时期的司空裴秀就是吃了五石散又喝冷酒丧命的，享年才四十八岁。这简直是用生命在"养生"。

长期服食五石散，还会导致皮肤脆弱易破，所以当时名士们的穿着都十分宽松，甚至尽量穿旧衣服，因为新衣服容易磨破皮肤。也是这个原因，当时的名士们很少洗澡，因为怕洗澡磨破皮肤。有一次车骑将军桓冲很难得洗了个澡，沐浴之后妻子趁机把新衣服送给他穿，桓冲大怒，让婢女拿回去。妻子又让人送回来，带话说："衣服不经过新的阶段，怎么能变成旧的呢？"桓冲听了大笑，只好穿上。

常穿旧衣，很少洗澡，名士们的卫生状况其实是堪忧的。所以他们清谈的时候经常会拿着一个类似拂尘的工具，当时叫麈尾，看起来仙风道骨的样子，其实主要作用是驱赶苍蝇。而且名士们自己身上也经常会有虱子，于是他们一边聊哲学谈人生，一边伸手入衣抓虱子，这被称为

"扪虱而谈"。现在看起来这当然是非常尴尬的,但是当时能够这样做的都是名士,所以也成为风雅之事了。

不过五石散最大的负面影响还不是上面这些,而是价格太贵。能够吃得起的都是达官贵人。"楚王好细腰,宫中多饿死",作为精英阶层的名士服食五石散,导致五石散带来的各种副作用乃至危害成了时尚,更为众人争相效仿。鲁迅说,当时一些穷人没事也皱着眉头捂着肚子,一脸痛苦地躺在地上,有人问怎么回事,他们就回答:"药性发矣!"

东市绝响——嵇康

魏晋名士中最有名的,应该属竹林七贤。

三国魏正始年间(240—249年),嵇康、阮籍、山涛、向秀、刘伶、王戎及阮咸七人经常在山阳县(今河南辉县市一带)竹林中聚会喝酒,当时的人们便称他们为竹林七贤。竹林七贤的代表人物有两位:嵇康和阮籍。

竹林七贤画像砖中的嵇康

嵇康,字叔夜,魏晋时期著名的文学家、思想家和音乐家,也是竹林七贤中最光耀的人物。

史书记载嵇康是个美男子,说他身高七尺八寸,相当于现在的一米九左右,"风姿特秀"。看见他的人说他"萧萧肃肃,爽朗清举",意思是洒脱而庄严,清朗而正拔。还有人说他"肃肃如松下风，高而徐引"，意思是就像松树间飒飒作响的风，高远而又绵长。他的好友，也是竹林七贤之一的山涛称赞他的话十分精彩：

> 嵇叔夜之为人也，岩岩若孤松之独立；其醉也，傀俄如
> 玉山之将崩。

一个站着像孤松一样的大男人，在喝醉的时候像一座将要崩塌的玉山。这简直算秀色可餐了。而这样的描述应该不仅指嵇康外在的形象，也是他内在心灵世界的反映。

嵇康娶了魏朝沛王曹林的女儿为妻，后来当过中散大夫，后人也称他嵇中散。

和魏晋很多名士一样，嵇康也深信养生服食之道。他曾经到山中拜访隐士王烈，王烈带他一起入山修行。据说王烈有一次得到了石头的精髓，纯天然的，当然比五石散珍贵多了。王烈吃了一半，把剩下的给了嵇康，嵇康得到之后，石髓就凝结成石头了。后来王烈又在石室中见到一卷绢书，想必是天书，立刻叫嵇康去取，嵇康到的时候，书也消失了。王烈长叹："嵇康志趣高雅却总是怀才不遇，这是命啊！"

嵇康有一次去拜访另一位隐士孙登，孙登却终日一言不发。嵇康准备离开时，孙登忽然说："你性情刚烈而才气过人，这样怎么能免除灾祸啊！"

孙登的担忧不是没有理由的。当时司马氏正在广植党羽，意图取魏朝而代之，嵇康作为曹魏的女婿，内心当然是向着曹家的。而忠于魏朝的士人要不被杀，要不被流放，剩下的也被排挤迫害，要想在这恐怖氛围中活下来，要不学刘伶佯狂避世，要不把头缩进龟壳闭嘴不言。可惜，这两件事嵇康都做不到。

作为当时名士之首，嵇康在很多人心目中简直就是神一样的存在。钟会是曹魏时期著名的将领、书法家，后来曾与邓艾一起灭蜀，也算是名将之一，可是他在嵇康面前竟然像一个胆怯害羞的小媳妇。钟会曾经写了一篇文章《四本论》，讨论当时流行的才性同异的问题。文章写好之后，钟会想拿给嵇康指正一下。他把文章揣在怀里，走到嵇康门前，但担心嵇康学识渊博，会把自己的文章批得一文不值，于是又不敢拿出来了。他在嵇康家门外徘徊良久，最后从门外把文章远远地扔进去，然后掉头就跑。

钟会的担心不是没有道理的，他这样的人的确很难入嵇康法眼。但是钟会的错误在于，他以为自己被嵇康轻视的原因是自己名低位卑。后来钟会投靠司马氏，担任司隶校尉，威仪赫赫。一天，他排场华丽地带着一众随从，邀约当时的一些贤俊，一起去探访嵇康。他想，现在的自己，应该能令高傲的嵇康刮目相看了。可是，他们到的时候，嵇康正在树下打铁，好友向秀在帮他鼓风。见到钟会带着如云随从来访，嵇康当他透明一样，继续打铁，挥舞锤子的手没有停下一刻。钟会尴尬地在旁边看着，嵇康也不跟他搭话。最后钟会终于待不住了，准备走。嵇康抬起头问："何所闻而来？何所见而去？"

这让钟会更加尴尬了——难道要我回答我的见闻就是你根本不理我吗？于是钟会只好用诡辩化解自己的尴尬："闻所闻而来，见所见而去。"

然后带着自己盛大的车骑随从讪讪地离开。而从这以后，对嵇康的仇恨就深埋在了钟会的心里。

中国有门古老的学问叫"为人处世"，老一辈人经常用这门学问来教育后辈。它的核心就是"讲面子，不得罪人"。所以中国人很少当面表现出对别人的厌恶。而魏晋人却不一样。他们敢爱敢恨，从不隐讳自己对别人的看法。嵇康有个哥哥叫嵇喜，他就被弟弟的好友吕安当面嫌弃过。

吕安也是魏晋名士，跟嵇康感情很好，他想念嵇康的时候，即使相隔千里也会动身来相会。有一次吕安来拜访嵇康，正好嵇康不在，嵇康的哥哥嵇喜听说了，高兴地出来迎接。吕安看到是嵇喜，竟然没进门，还提笔在门上写了一个"鳳"字。嵇喜高兴死了，以为吕安是在夸赞自己像凤凰。后来有人告诉他，"鳳"字由"凡""鸟"二字组成，吕安是在讥讽他不过是一只凡鸟罢了。嵇喜知道之后羞愤难当。

嵇康和吕安不给钟会和嵇喜面子，是因为他们认为对方跟自己根本就不是一类人，而且在做人的原则上与自己是相悖的。在他们的眼中，如果违背原则，即便是昔日的好友，也可以一点面子不给。

除了嵇康和阮籍，竹林七贤中最有名的算是山涛了。而后人知道山涛，更多是因为嵇康写给他的那封绝交信《与山巨源绝交书》。

山涛在竹林七贤中有些与众不同，其他人大多是半官半隐，或者干脆拒绝出仕，但是他却对仕途情有独钟。年轻的时候他就对妻子韩氏说："我以后是会做三公的，不知道你能不能做三公的夫人。"踏入仕途后，山涛担任过选曹郎，后来升任大将军从事中郎，也就是司马昭的属官。在辞去旧职时，他推荐了好友嵇康接替自己。谁知道，他的这个推荐竟然引出了中国文化史上一篇名传千古的文章，这就是《与山巨源绝交书》。

嵇康之所以要与山涛绝交，是因为他认为这么久以来，山涛竟然一点不了解自己。过去山涛曾在叔父山嵚面前，称赞嵇康不愿出仕的意志，嵇康常说这是知己的话，但是让嵇康奇怪的是山涛还是没有理解他。他说山涛推荐自己就像厨师羞于一个人做菜，要拉祭师来帮忙一样，这等于让他手持屠刀，也沾上一身腥臊气味。在信里，嵇康举出了自己不适合当官的"七不堪"和"二不可"，并且批评山涛："夫人之相知，贵识其天性，因而济之。"意思是做我的朋友就应该理解我，尊重我，但是你现在非但没有做到，反而要逼着我做我不愿做的事情，那么我只好跟你绝交了。

在后人看来，嵇康未免过分了些。山涛推荐他做官本来也是一番好意，你实在不做也就算了，犯得着写这么篇文章又是斥责又是绝交的吗？这让对方面子往哪放？

但是这才是魏晋名士风度。潇洒任诞只是名士的外壳，而内心的执着和坚守才是名士的内核。作为魏朝的官员，嵇康希望能够守护住自己的忠诚；作为山涛的朋友，嵇康希望对方了解自己对友谊真正的看法。要守护忠诚，就不能为了荣华富贵而叛卖；要守护友谊，就必须宣示自己本真的立场。

嵇康在写这封信的时候，未必不知道它可能给自己带来祸患。两年多以前，皇帝曹髦光天化日之下被司马昭的手下成济杀死，现在的皇帝曹奂不过是个摆设，司马氏篡权之心已经路人皆知。他拒绝山涛，其实拒绝的就是司马昭。在某种意义上，《与山巨源绝交书》也是对司马昭的一封宣示书。所以这封信引起司马昭极大不快是在预料之中的。

除了《与山巨源绝交书》，嵇康其实还写过一封绝交信，这封信叫《与吕长悌绝交书》，吕长悌名字叫吕巽，是吕安的哥哥，历史对他的评价可以用四个字概括：禽兽不如。

吕安就是前文说到的给嵇康的哥哥嵇喜题"鳯"字，讥讽他是"凡鸟"的人。吕巽是吕安同父异母的哥哥，担任司马昭的长史。吕安妻子徐氏有美色，吕巽垂涎三尺，后来竟然灌醉弟媳并将她迷奸了。吕安知道之后大怒，打算向官府告发哥哥然后休掉妻子。徐氏知道后羞愧难当，自缢身亡。吕安把这件事告诉了嵇康，嵇康安抚吕安，觉得为了家族名誉，最好不要报官，并且找到吕巽，双方决定冷处理此事。由于嵇康出面，吕安终于决定撤诉。一场风波本应就此平息，可是吕巽害怕把柄操于人手，竟然反过来诬告吕安殴打母亲"不孝"，并向司马昭告状，吕安因此被捕下狱。知道这个消息之后，嵇康悲愤难当，写下了这封绝交信。信里说：

> 而阿都^①去年向吾有言：诚忿足下，意欲发举。吾深抑之，亦自恃每谓足下不足迫之，故从吾言。间令足下因其顺亲，盖惜足下门户，欲令彼此无恙也。又足下许吾终不击都，以子父交为誓，吾乃慨然感足下，重言慰解都，都遂释然，不复兴意。足下阴自阻疑，密表击都，先首服诬都，此为都故，信吾，又无言。何意足下苞藏祸心邪？都之含忍足下，实由吾言。今都获罪，吾为负之。吾之负都，由足下之负吾也。怅然失图，复何言哉！若此，无心复与足下交矣。古之君子，绝交不出丑言。从此别矣！临书恨恨。嵇康白

意思是：去年吕安跟我说他对你很是气愤，想告发你，我极力劝阻了。他也估计你不会迫害他，所以听从了我的话。我是认为你们是至亲，也为你们家族声誉考虑，想让你兄弟二人不要反目成仇。你也亲口答应过我，不会因此而报复吕安，还以我们父辈的交往发誓。我很为你感动，又多次劝慰吕安，于是他心里也放下了，不再想揭发你的事。可是没想到你竟然偷偷地诬告弟弟，秘密上表陷害他，你恶人先告状，都是吕安那件事的缘故。他相信我，没有说什么，怎么能够想到你包藏祸心？吕安忍受耻辱包容你，全都是因为我的劝说。现在吕安获罪，是我辜负了他。我辜负吕安，是因为你辜负了我。我怅然无计，还有什么话可说

---

① 阿都：吕安的小名。

呢！事已至此，我也无法再与你交往了。古代的君子，绝交也不说对方的坏话。从此作别！对着书信我怅恨很久！

写这封信的时候，嵇康对吕巽想必是切齿痛恨的。但是即便如此，他都还记着"君子绝交，不出恶言"，其内心之善良以及定力之强可见一斑。但是他并不是只写封信而已，宣布与吕巽绝交之后，他马上到官府为吕安辩冤。嵇康的卷入，引起了另一个人的注意，这个人就是钟会。

钟会因为曾受嵇康的冷遇而一直怀恨在心，但是嵇康名望极高，钟会对此无可奈何。看到嵇康卷入吕安的案子，钟会感到机会来了，他趁机向司马昭进言，说嵇康名望太盛，又不跟司马氏合作，正好趁机除掉嵇康。司马昭也因为嵇康拒绝山涛的推荐而耿耿于怀，听到钟会的建议，于是下令处死嵇康和吕安，罪名是"不孝"。

如果有导演要把魏晋名士的生活拍成电影，嵇康临刑一定是其中最不可缺少，而且是最精彩、最荡气回肠的一个桥段。

嵇康被判死刑的消息震动了朝野。当时有三千太学生上书请求嵇康当他们的老师，并想请嵇康来太学任教。他们的目的是想以此营救嵇康。但是司马昭拒绝了。行刑的地点是在东市。嵇康被押来，行刑时间还没到。嵇康环顾四周，神色不变，跟往常一样。他让人拿来自己的琴，就在刑场上，抚了一曲《广陵散》。琴声在秋天的林梢间悠悠回响。曲毕，嵇康放下琴，叹息说："从前袁孝尼①想跟我学习《广陵散》，我因为吝惜而没有教他。现在《广陵散》要失传了。"说完之后，从容就戮。这一年，嵇康四十岁。

---

① 袁孝尼：袁准，字孝尼，魏晋时期官员。

礼岂为我辈设邪——阮籍

嵇康在《与山巨源绝交书》里说：

> 阮嗣宗口不论人过，吾每师之而未能及；至性过人，与
> 物无伤，唯饮酒过差耳。

这句话的意思是：阮嗣宗嘴里从来不说人的过错，我经常想向他学习却学不到。他本性淳厚，不伤害别人，只是饮酒过量是个毛病。

这里的阮嗣宗，指的就是嵇康的好友，竹林七贤的另一个代表人物：阮籍。

中国汉代时采用的取士制度是察举征辟制，也就是地方官根据辖区大小和人口多少按期向朝廷推荐人才做官。三国的时候曹丕将察举制改进为"九品中正制"，即把人物分为上中下三等，每等又分上中下三品，依次判别人物才学和品行高低。而中正则是朝廷和地方设立的负责品评人物的官员。这个制度继承了东汉乡里评议人物的传统，更使品评人物成为一时风尚。《世说新语》中的《识鉴》《品藻》和《赏誉》等章节就记载了当时人们品评人物的大量故事。

但是品评人物也是冒险的事情：评得好固然不说，如果你评论别人的不是，难免就会得罪人。但是品评人物是当时的风尚，包括嵇康在内的名士都难于免俗，何况其他人。但是阮籍不一样，他终生不说别人的坏话，也就避免了出口得罪人。

阮籍不品评人物并不代表他对别人没有自己的观点。阮籍有一个特异功能，就是"青白眼"。所谓"青眼"就是正眼看人，阮籍遇到喜欢的

人时就加以青眼，由此还诞生了一个词语"青睐"；而对不喜欢的人他就翻白眼。虽然被翻了白眼的人心里肯定有所不快，但是当时又没有手机摄像，抓不住阮籍看不起自己的实在证据，也只好不了了之。

竹林七贤画像砖中的阮籍

和魏晋很多名士一样，阮籍也好喝酒。前面说他听说步兵校尉府有数百坛酒，于是主动请求去当步兵校尉。据说他把那里的数百坛酒喝光之后，就辞官回家了。而阮籍最让当时人震惊的是他在母丧期间竟然喝酒吃肉。

中国古代在丧葬方面的礼仪是很多的，规制也是很严格的，而父母去世的守孝制度更是严格。按照礼仪，父母去世，做官的应该辞官回家守孝三年。这三年中不能吃荤，也就是辛辣刺激的食物，后来发展到不能饮酒吃肉；还不能穿绫罗绸缎，必须披麻戴孝；不能听音乐、看舞蹈以及从事任何娱乐活动；不能近女色；等等。古代典籍里记载的孝子，大多都是守孝守得"柴毁骨立"。而守孝期间越憔悴，越被人赞为"孝子"。

阮籍母亲去世的时候，阮籍正在跟朋友下棋，他没有像一般孝子一样哭得晕死过去，而是跟平常人一样波澜不惊。朋友觉得过意不去，要提前离开，阮籍不同意，坚持要下完这盘棋。棋局结束之后，阮籍饮酒两斗，放声大哭，然后吐血数升。母亲下葬的时候，他竟然蒸了一只小猪吃了，还喝了二斗酒。在与母亲告别的时候，他瞪着眼睛说了两个字：

"穷矣！"意思是"完了"。然后只大哭了一声，口吐鲜血，之后萎靡颓唐了很久。办丧事的时候，嵇康的哥哥嵇喜来吊唁，阮籍对他加以白眼，嵇喜很生气地回去了。嵇康听说之后，带着酒和琴去吊丧，阮籍竟然大喜，对嵇康青眼相待。

阮籍这种违反礼教的行为，当时还是有名士理解的。阮籍母亲去世后，中书令裴楷去吊丧，按照常理，孝子应该下跪大哭，可是阮籍却张开两腿坐着，没有一点哀伤的表示。

裴楷到了之后，按照礼节哭了，吊唁之后离去。有人问他："按照礼法，主人哭，客人才还礼哭。阮籍没哭，您为何哭？"

裴楷很聪明地回答："阮籍是方外之人，所以不遵循礼制；我是俗人，所以遵循礼制。"

但不是所有的人都像裴楷这样宽容通达。阮籍在母丧期间参加晋王司马炎的宴会，在宴会上他照常饮酒吃肉。这让在场的一个人非常看不惯，这个人就是司隶何曾。何曾这个人原来是魏朝官员，但是跟司马懿沆瀣一气。曹爽专权，司马懿托病不出的时候，何曾也借口生病离职。后来魏朝皇帝被废，何曾是出了力的。可以说他就是一个卖主求荣的小人，而就是这么个小人，现在却以卫道士自居，正义感爆棚，当场向司马炎举报阮籍："您正以孝治天下，阮籍母丧期内竟然饮酒吃肉，太不孝了！应该把他流放到蛮荒之地，以正风教。"

"不孝"在当时可是一个大罪名，大家应该还记得，嵇康和吕安就是这样死的。好在当时司马炎没有赞同何曾的意见："阮籍憔悴成这样了，您不能分担他的忧伤，怎么还说这样的话？而且因为忧伤过度导致身体不好而饮酒吃肉，也是丧礼允许的。"

由此，阮籍才逃过一劫。但是就在现场的他仿佛没听见一样，照样吃吃喝喝，神色自若。

阮籍不遵礼法可以说是出了名的，他的有些行为现在看起来无伤大雅，而有些行为即便是现在看起来都有些出格。

阮籍的嫂嫂回娘家，阮籍和她见面送别。要知道古代即使是叔嫂之间都要讲究男女大防，必须授受不亲的，可是阮籍作为小叔子竟然大大方方去送嫂子。当时的人们都讥笑他，阮籍说了一句很有脾气的话："礼岂为我辈设邪？"

阮籍说这句话的时候想必是翻着白眼的。而他做的另一件事则让所有人惊掉眼镜。

阮籍家附近有一家卖酒的店，老板娘长得很漂亮。阮籍经常和朋友去喝酒，喝醉了就躺在人家柜台里呼呼大睡。即便是现在，一个大男人躺在老板娘旁边睡觉也是让人惊诧莫名的。所以老板开始怀疑阮籍有什么企图，后来多次观察，发现阮先生只是喝醉了，别无他意，于是老板也就释然了。

阮籍当步兵校尉的时候，一个士兵家里的女儿很有才色，还没出嫁就去世了。阮籍并不认识她的父兄，却大大咧咧跑去吊丧，大哭之后就离开了，也不跟人家父兄打个招呼，让众人惊诧不已。

后来的名士们学阮籍的很多，这个不拘小节，那个烂醉如泥，甚至有的"名士"一起喝酒，不用酒杯，而是把大盆放在地上，围坐一圈开怀畅饮。过一会儿家里养的猪看见了，也一起来喝，名士们也不以为意，很开心地与猪一起分享，大概他们认为这就是"名士风度"。其实这些不过是名士的皮毛罢了。阮籍等名士不遵礼法的背后，其实隐藏着深深的悲凉和伤痛。

从汉武帝之后，儒家思想便成为中国知识分子的指导性思想。儒家讲究阶层与秩序，讲究在家孝，在朝忠。多年以来，士人们也把这些礼教约束作为自己的规条认真遵守，并且相信如果不遵守这些规条，一定会被同道驱逐，被社会排斥。可是，从曹魏代汉到司马氏夺权，士人们震惊地发现，把儒家规条完全践踏在脚下的大奸大恶之人，不但没有身死名灭，反而飞黄腾达，甚至成了九五之尊。几百年以来深信不疑的信仰突然垮塌了，他们惊讶地发现，自己一直以来奉若圭臬的礼教早已经成了野心家手里的工具，成为他们清除异己的屠刀。而只有自己，内心还保持着对礼教的执着与迂固。鲁迅先生很精彩地分析了他们的内心世界：

例如嵇阮的罪名，一向说他们毁坏礼教。但据我个人的意见，这判断是错的。魏晋时代，崇奉礼教的看来似乎很不错，而实在是毁坏礼教，不信礼教的。表面上毁坏礼教者，实则倒是承认礼教，太相信礼教。因为魏晋时所谓崇奉礼教，是用以自利，那崇奉也不过偶然崇奉，如曹操杀孔融，司马懿杀嵇康①，都是因为他们和不孝有关，但实在曹操司马懿何尝是著名的孝子，不过将这个名义，加罪于反对自己的人罢了。于是老实人以为如此利用，亵渎了礼教，不平之极，无计可施，激而变成不谈礼教，不信礼教，甚至于反对礼教。但其实不过是态度，至于他们的本心，恐怕倒是相信礼教，当作宝贝，比曹操司马懿们要迂执得多。

如鲁迅先生所说，在儒家的观念里面，为臣子而不忠是最大的罪过，但是最不忠的曹操和司马氏却以"不孝"的罪名杀害孔融和嵇康，这在人们看来，就像一个荡妇谆谆教诲良家妇女要守妇道一样，充满了莫名

---

① 杀嵇康的是司马昭，鲁迅误记为司马懿。

的讽刺。因此，阮籍表面上的不遵礼教，其实是他对礼教的固执坚持，也可以说是他内心为礼教唱的一首挽歌。

据说，阮籍经常乘一辆牛车，自己坐在车上喝酒，让牛随意将自己拉到哪里。牛走到没路的时候就停下来，阮籍也下车，看着已经走不通的路，大哭一场，然后拉着车回去。我想，他一定是想到了现实中自己的路，也走不通了。有一次他来到广武，凭吊楚汉古战场，长叹说："时无英雄，使竖子成名！"

昔日竹林里的聚会已经云散，最好的朋友嵇康和吕安已经阴阳两隔。阮籍表面上表现出的嚣张和沉醉，其实不过是避祸的一种方式。

阮籍擅长吟啸，类似于现在的吹口哨。有一次他去拜访隐士孙登，请教呼吸吐纳之道，孙登一言不发。阮籍无奈，只好长啸一声离开。走到半山的时候，他听到孙登的长啸，就像鸾凤的鸣叫，清澈亮丽，啸声环绕在山谷间，久久不散，阮籍大为钦佩。回来之后，他写了一篇《大人先生传》，在文章里他说：世人所称道的那些君子，只依法度来修养，只照礼教来制约，手里捧着礼器圭璧，脚下踩着墨斗画的直线，行为要成为世人眼前的规范，言论要成为后代无穷的法则。他们年轻时称誉乡里，年长后名闻国家，向上的抱负是要谋求三公的高位，朝下也不放弃当一州的长官。……那些虱子住在裤子里，逃进深深的裤缝里，躲藏在败坏的棉絮里，它们以为这就是吉利的家宅了。它们行动不敢离开裤缝的边际，举止不敢越出裤裆，以为获得操行的墨斗准绳了。它们饥饿就咬人，以为这是吃不完的食物。然而火山爆发，火流滚滚，烧焦城邑，毁灭都会，一群群虱子逃不出来，死在裤子里。你们君子住在人世区域里，又跟虱子住在裤子里有什么两样呢？

司马昭想与阮籍联姻，派人来商量。阮籍知道之后，干脆每日大醉，弄得无法见客，这一醉竟然醉了两个月！司马昭看阮籍似乎清醒不了了，只好打消了联姻的念头。

后来司马昭晋升为晋公，加九锡的时候，按照惯例，他会假意多次拒绝，这时候臣下就要懂事地反复上表称功颂德，劝主公接受。最后主公才会勉为其难地笑纳。而当时海内公认文章写得最好的就是阮籍。此时阮籍已经喝得大醉，即便如此，也没能逃脱，人们把大醉的阮籍扶起来，把纸铺好，笔塞在他手里，阮籍没有办法，只好遵命。他飞速完成了文稿，根本不用修改，誊清之后就交给了使者。当时的人们认为这简直是神笔。

和嵇康一样，阮籍不仅是竹林七贤的代表人物，也是当时名士们崇拜的偶像。篇首提到的张翰，人们给他一个"江东步兵"的外号，意思是他就是江东的阮籍。

和阮籍一样，张翰也放任不拘，有人劝他："您这样只顾一时的放纵舒适，难道不考虑死后的名声吗？"

对此张翰的回答是："使我有身后名，不如即时一杯酒！"

而张翰辞去官职，真正原因也不是他是个吃货，而是和刘伶、阮籍一样，都为避祸。

前面说到，张翰是齐王司马冏提拔的，司马冏在八王之乱中杀死了司马伦夺权，一时间气焰熏天。但是有见识的人都知道，司马冏的权位不会久长。因此张翰和同乡顾荣被提拔之后不是心怀喜悦，而是忧心忡忡。为了躲开随时会降临的滔天大祸，张翰假意思念家乡的鲈鱼脍、莼菜羹，弃官不做；而同乡顾荣则采取阮籍的办法，干脆每天喝得酩酊大醉，根本没法工作，最后被免官，也算逃出了这是非圈。不久之后，齐王司马冏就被长沙王司马乂打败杀掉了。

魏晋是中国历史上最动荡黑暗的时期之一。这种动荡不仅表现为政局的变幻莫测、战争以及政变的频繁、政治的黑暗，还体现为中国传统的儒家观念受到巨大冲击乃至践踏，士人们的信仰受到严重动摇。因此，儒学在魏晋时期地位被削弱，而道家思想和佛家思想成为主流，也成为魏晋清谈的主要话题。由于政局黑暗和佛老思想介入，魏晋名士们体现出了与中国其他时代截然不同的精神面貌，绽放出了与众不同的精神自我，也在中国文学史、文化史上写下了浓墨重彩的一笔。

图书在版编目（CIP）数据

历史如此有趣. 从东汉到魏晋 / 夏昆，夏子仪著
. -- 桂林：漓江出版社，2023. 1
ISBN 978-7-5407-9339-5

Ⅰ.①历… Ⅱ.①夏… ②夏… Ⅲ.①中国历史－东
汉时代－魏晋南北朝时代－通俗读物 Ⅳ.① K209

中国版本图书馆 CIP 数据核字（2022）第 258118 号

历史如此有趣·从东汉到魏晋
夏昆　夏子仪　著

出 版 人　刘迪才
策划统筹　文龙玉
责任编辑　章勤璐
书籍设计　周泽云
营销编辑　俞方远
责任监印　黄菲菲

出版发行　漓江出版社有限公司
社址　广西桂林市南环路 22 号
邮编　541002
发行电话　010-65699511　0773-2583322
传真　010-85891290　0773-2582200
邮购热线　0773-2582200
网址　www.lijiangbooks.com
微信公众号　lijiangpress

印制　天津嘉恒印务有限公司
开本　710 mm × 960 mm　1/16
印张　14.25
字数　180 千字
版次　2023 年 1 月第 1 版
印次　2023 年 1 月第 1 次印刷
书号　ISBN 978-7-5407-9339-5
定价　49.80 元